中陰

死亡時刻的解脫

堪布卡塔仁波切 講述

喇嘛耶喜嘉措 英譯　噶瑪策凌卻準 中譯/彙編

《中陰祈願文》：確吉旺秋 撰

Karmé Ling Retreat Center

༄༅། དེ་ཡང་སྐྱེ་བའི་ཐ་མར་འཆི་བ་ནི་འཁོར་བའི་མཚན་ཉིད་ཡིན་ལ། ནམ་ ཞིག་འཆི་བའི་ཚེ་རང་དབང་མེད་པར་བར་དོར་འཁྱམས་ནས་སྐྱག་བསྒུལ་འོར་ མོ་ཡུག་ཏུ་སྐྱོང་བས། ད་ལྟ་རང་དབང་ཡོད་དུས་ཐོས་གྲོལ་ཞེས་གསུངས་པ་ བཞིན་བར་དོ་སྐོར་གྱི་ཁྲིད་རྣམས་མཉལ་ཞིང་ཉམས་སུ་ལེན་པར་གལ་ ཆེ། དེར་བརྟེན་རང་གིས་ཆོས་ཀྱི་དབང་ཕྱུག་གིས་མཛད་པའི་བར་དོའི་སྨོན་ ལམ་སྨོར་ཆོས་ཁྲིད་བགྱིས་པ་དེ་ཉིད། རང་གི་སྨྲིབ་མ་བླ་མ་ཚེ་རིང་ནས་དང་ བཙུན་དང་ལྷག་བསམ་ཆེན་པོས་དྲིན་སྐྱད་ཐོག་ནས་རྒྱ་སྐྱད་དུ་བསྒྱར་ནས་ པར་བསྐྲུན་མཛད་རྒྱུ་ལ་རྗེས་སུ་ཡི་རང་དོས་ཐུགས་རྗེ་ཆེ་ཞུ་རྒྱུ་དང་། སེམས་ ཅན་མང་པོ་ལ་ཐན་པའི་སྨོན་ལམ་རྣམ་དག་བཅས། གུས་པ་མཁན་མིང་ཀར་མཐར་པས།

　　生命的最終就是死亡，這是輪迴的特質。一旦命終，就無法自主地飄流在中陰境裡，遭受無止境的痛苦。所以一如《聞即解脫》一書所説，現在還能自主的時候，閱讀有關中陰的教法並實修是很重要的。由於這個原因，我依照確吉旺秋所寫的《中陰祈願文》而作了開示，我的弟子喇嘛策凌卻準，以信心和精進發大心，將其從英文譯成中文，並且安排出版，我隨喜並感謝她。誠願此書能利益許多人。

堪布卡塔 謹書
比丘尼喇嘛洛卓拉嫫 中譯

Karmé Ling Retreat Center • 315 Retreat Road • Delhi, NY 13753 • (607) 746-3216 • Fax (607) 746-9542 • karmeling@kagyu.org

謹以此書獻給

具無盡、堅定不移、寬宏、智慧與慈悲之

堪布卡塔仁波切

我們榮耀的上師

_____

目錄

引 言

　　本書是尊貴的堪布卡塔仁波切於 2004 年六月四日至六日在美國康乃狄克州哈特福市三乘法林中心，以臨終、死亡及中陰爲題的教學結集而成。堪布仁波切依據《噶瑪噶舉法行儀軌》*(Dharma Practices of the Karma Kagyu)* 中，第六世夏瑪巴確吉旺秋 *(Chökyi Wangchuk, the Sixth Shamarpa)* 所撰《中陰祈願文》（藏文：*bar do'i smon lam*）的簡短根本頌，以廣演的形式做了傳統的引介。

　　確吉旺秋仁波切 *(1584-c.1635)* 童年時就被他的主要上師，第九世嘉華噶瑪巴旺秋多傑 *(Wangchuk Dorje)* 認證爲第六世夏瑪巴。他很快就展現出不凡的成就。擅於辯論，學識淵博，成爲當代最負盛名的大學者之一。他的行跡遍及藏區，遠達中國和尼泊爾，於廣泛教學的同時，施行無量佛事利益衆生。正如噶舉金鬘傳承中，師徒互傳，其時傳承由確吉旺秋持續著，他認證第十世嘉華噶瑪巴確映多傑，後者成爲他的主要弟子。

　　顯然，最廣爲人知的中陰教法是《中陰聞即解脫》*(Great*

Liberation Through Hearing in the Bardo)，在西方它通常被稱為《西藏生死書》*(Tibetan Book of the Dead)*。那是第八世紀鄔地亞那蓮花生大士所撰的伏藏法，而於第十四世紀為偉大的伏藏師噶瑪林巴所取出。那是一部非常特別的典籍，記載著有關中陰——生與死之間的中有狀態——精確且詳盡的知識與教授。然而該典籍的範疇內容太廣闊，遠非三天的教學時間所能充分涵括。

基於此，堪布卡塔仁波切解釋他選擇碓吉旺秋的《中陰祈願文》作為此次教學與闡釋之理由：此祈願文雖然是簡短的偈頌，然而內容與描述卻十分完整，特別適合簡要的教學。堪布仁波切對這富挑戰性的題材做了極其清楚，又易於理解的闡釋，同時對較晦澀難懂的地方，則慈悲地以充份的時間詳加解說。

堪布仁波切對臨終與死亡過程之解說，並不祇是平鋪直敘，更始終強調祈願的目的與其迫切性。他清楚明白地教導我們在此生的每一個機會應如何去修持，如何去訓練自己——不論是在清醒時或睡夢中——甚至是在中陰本身。他並且諄諄教誨我們，為死亡時刻所做準備的大部分基礎，取決於對所有顯相如幻的本質是否有關鍵性的經驗與了解，而這經驗主要是由禪修獲得的。同樣，這種了解與熟悉淨光——即心性本身——的漸進過程有密切關聯。這種體驗的熟悉最終將能達到對本性的直接認知。正如堪布卡塔仁波切解釋，這的確是能將中陰時潛在的恐怖與迷惑，轉變爲一個人所能獲得的最重要機會——於中陰或生與死之間達到解脫的可能性。

　　能接觸到這些深奧的教導與傳授，確實是希有難得的加持。與其生活在焦慮、不安，以及否定不可避免的死亡之中，我們更應該有信心，歡喜地爲了讓此生更有意義，從現在起就爲死亡時刻所提供的大好解脫機會做準備。

吉美尼瑪 Jigme Nyima

堪布卡塔仁波切簡傳

　　堪布卡塔仁波切於木鼠年（公元一九二四年）二月二十九日，大黑天護法的吉祥日清晨日出時，誕生於東藏康區惹修地方一個中等遊牧家庭。仁波切的雙親都是虔誠的佛教修行者。在仁波切幼年時，父親便教他讀寫、學習、及背誦佛教典籍。

　　仁波切十二歲時進入創古寺出家，隨後在寺廟經過六年的學習及修行。十九歲時，仁波切到楚布寺，第一次見到同樣年齡的第十六世大寶法王噶瑪巴。當時的大寶法王還很年輕，不能傳比丘戒。因此隔年仁波切便至八蚌寺，從第十一世大司徒仁波切得受比丘戒。受戒後不久，仁波切單獨作了大日如來的一年閉關，那次的閉關激起了他終生修行的熱情。因此當一年閉關結束後，他便進入了傳統的三年閉關。

　　出關後，仁波切賣掉所有的東西並換成食物，計劃在叔父的一棟小屋內終生閉關。但是一年後，創古寺第八世察列仁波切 *(Traleg Rinpoche)* 認為堪布仁波切在數年的閉關中已經獲得覺觀與證悟。他的進一步教育，對未來的弟子將會產生更多利益。因此察列仁波切召他出關，去接受康楚仁波切的口傳教授，並且和創古仁波切與其他的喇嘛，一齊進入創古寺新成立的佛學院研讀佛學。仁波切在佛學院的五年中，勤奮研讀，嚴持戒律，對上師堪布惹色具大信心與恭敬。完成訓練後，得到堪布頭銜時已年近三十。第二世蔣貢康楚仁波切、第八世察列仁波切、以及第十六世大寶法王是堪布仁波切的主要上師。

接下來是快樂又豐富的數年。仁波切隨侍於創古仁波切之旁，為學習侍者與教師。他與創古仁波切一起旅行，談論佛法，教學相長。但一九五八年由於局勢的變化，堪布仁波切隨同創古仁波切、祖盧圖古仁波切 *(Zuru Tulku Rinpoche)*、以及年僅三歲的第九世察列仁波切離開了創古寺，最終到達靠近不丹邊界，印度的巴克色達爾 *(Buxador)*。在印度時，仁波切在吉祥寺從頂果欽哲仁波切處接受了口訣藏 *(Dam Ngak Dzo)* 的灌頂、口傳、與教授。

一九七五年仁波切獲得第十六世大寶法王賜予確覺喇嘛 *(Choje-Lama)* 的頭銜，意即"尊聖法師"。大寶法王要求仁波切到美國，代表他去成立噶瑪三乘法輪寺 *(Karma Triyana Dharmachakra—KTD)* ——大寶法王在北美洲的法座。一九七六年二月，仁波切來到一個與他東藏家鄉截然不同的文化與環境，開始了佛法上師的生活。多年來在仁波切督導下南北美洲成立的三乘法輪中心 (KTC) 逐漸增加。仁波切經常巡迴到這些中心教學，而仁波切的許多教學，都有中英文書本的出版。

尊貴的堪布卡塔仁波切是紐約州屋士達鎮噶瑪三乘法輪寺 (KTD) 的住持，也是紐約州德海鎮 (Delhi) 噶瑪林 (Karme Ling) 三年閉關中心的關房指導上師。一九九三年一月，第一屆傳統的三年閉關在噶瑪林閉關中心展開。堪布卡塔仁波切晚年經常應弟子之請，在各地尤其是南北美洲弘揚佛法。

二○一九年十月六日，仁波切以九十六歲高齡圓寂於美國紐約上州噶瑪林閉關中心。

中陰

由於多生積聚的福德，我們此世已得到了寶貴的人身，更有機會修習殊聖的佛法，朝解脫邁進。雖然我們此生已在修行道上，但是爲了獲得眞正的解脫，我們來生仍然必須持續地努力。而來生會是如何，我們此時並不知道。基於這個理由，我將解說中陰。

　　《中陰聞即解脫》*(Great Liberation Through Hearing in the Bardo)* 是有關中陰的解說，最廣爲人知的一本書。它對中陰時期所發生的一切事件不僅有詳盡明確的解釋，同時也提出了對治的方法與達到解脫的機會。由於該書篇幅較長，而我們時間有限，因此這次教學，我依據的祈願法本是《中陰祈願文》，它對此題材也有完整的論述。

祈請上師

　　"上師您是我們此生、來生、與中陰時期的皈依處、我們的導師，我祈請您。由於惡業，我們錯認迷惑所投射的顯相為真實，請引領我們，出離六道輪迴的漂流。"《中陰祈願文》的開章是這樣祈請的。

　　首先，上師不僅是我們此生與所有未來生的皈依處，也是我們生生世世中陰時期的皈依。上師是帶領我們走上修行道路的人，如噶瑪噶舉的黃金寶鬘傳承。因此，祈願文一開始就明確地向上師祈請，它也隱含了向佛、法、僧三寶皈依處的祈請。

　　第二偈說明了向上師祈請時所作的請求。它指出由於惡業的累積，我們在輪迴中流轉，錯認迷惑的投射或顯相為真實，導致了惡業的累積。也就是說，我們所經驗到的顯相祇是迷惑的作用，並非獨立的真實。由於錯認它們是獨立存在或獨立真實，我們開始執著，產生煩惱，累積惡業，導致我們不斷地投生，流轉於六道——地獄、餓鬼、畜生、人、阿修羅與天道之中。祈請上師引領我們出離六道輪迴，同時引介出整個的祈願，其目的在發現迷惑顯相之本質。在討論中陰的各個面向時，我們可以看到祈願文中對顯相的敏銳洞察，與其對真實本質的揭示。

　　首先我們以一般的用法來定義中陰 (bardo)：「中陰」一詞簡單地說是指「介於二種不同事情之間的一種情境」。有時它也作不同方式的使用與解釋，但是一般說來，它是指前一生與尚未投入下一生之間的一種存在狀態。此處我們使用的中陰一詞，就是這個涵義。而它的特徵，則是在下一偈中所提到的：**「在那情境中，一個人沒有自由或自主。」**

　　中陰眾生被凌厲的業風所吹捲，無力控制自己的去路，這些原因在後文會更清楚明白地予以解釋。在中陰時，眾生因受制於往昔的作為，而被業力所驅使。也就是說，眾生被業力強烈地從一地狂捲到另一地，而沒有辦法能停止。如果中陰就像那樣，那麼，你對此能做些什麼呢？接著的偈頌說明了這一點，**「透過可在中陰時期使用的一些特殊觀想口訣，願我能修習將中陰轉為道用的所有不同方法。」**

　　由於在中陰時期，我們不可能有機會從事任何修持，因此，為了要能掌握中陰的狀況，我們必須在前一生就開始修行。首先，我們應發願要認知什麼是中陰的經驗。認知之後，促使我們接著發願從事修行，從而能在中陰時獲得掌控的力量，更理想的是，能得到解脫。雖然在前面我們對中陰的意義用得較狹隘，僅指前後生之間的時期；現在，中陰也可用以指其他的意義，包括以特殊的方法作止與觀等的修持。所有這些都能將中陰經驗的各面向或各階段轉為道用。這就是下一偈提到的：**"願我以特殊的修持，將中陰轉為道用。"**

中陰基本上有三個階段，而對治的方法，包括學習認知每一階段因迷惑而投射的特具顯像。譬如在第一階段應認知法性；第二階段應認知本尊與咒語；第三階段則應認知化身。這些在後文都會有詳細的敘述。

本質與面向

法本接著描述了中陰的真實本質："如果審視它，就會發現它既無始也無終，因此，也就無所謂的中間。"

此處，"它"指的是既無始也可能是永無終止的輪迴存在。如果我們審視所謂的存在，就會知道它是無始的。更且，當我們審視任何現象時，也會發現所有現象並非真正生起。存在既然無始，且非真正生起，當然也就沒有真正的息滅；因此，中間也就無住。究竟地說，沒有任何一個單一狀態，是存在於兩個其他狀態之間，因為這些其他的狀態不曾真實地生起或發生。因此，就勝義諦言，我們所稱的"中陰"並不存在，但是對經驗到此境界的人來說，中陰似乎是真實存在的。"然而依於迷惑，它僅只是一種緣起的顯相。"

"依於迷惑"，這句話指的是我們所認知的經驗，我們的經驗認知因迷惑而被染污了，所以把不真實或不獨立存在的事物誤認為真實的存在。中陰顯現的本身是緣起的，它僅是在因緣條件下顯現的現象。由於迷惑，我們錯認緣起現象是獨立的，並認為中陰不僅是獨立，而且真實。換言之，雖然中陰並非實存，但只要存在著迷惑，它便像是真實一般。現象從來沒有真實生起，因此任何單獨分立的現象，僅是因緣而生的顯相。同時，未曾真正存在的事物是不會滅去的，因此我們也可以說，現象從未真正地息滅。更且，由於現象沒有真正的生起，所以它也不能真正存留於生與滅之間。雖然我們可能同意這一點，但也必須承認，我們的確經驗到了現象生起的顯相。我們似乎經驗到現象生起而存在，我們也似乎經驗到它的結束、毀壞、息滅、與續住。然而，現象的成、住、壞、滅僅是顯相，並不是真實存在的事件；在迷惑中，我們錯認它們是真實的。

中陰並不只是前一世與下一世之間的一段期間。事實上，佛陀教導說，只要存在著迷惑，所有的輪迴與涅槃，無有例外，都可概括為中陰。只要有二元的執著，只要相信自己所經驗到的以及能經驗的認知是獨立存在的，就是處於某種中陰或中間狀態。只要生起任何種類的二元分別，例如樂與苦、好與壞、輪迴與涅槃，就是處在中陰。我們以此祈願結束："佛説一切輪涅法均包含於此類中陰，它雖非真實存在，卻宛然顯現。願我於此得獲信心。"

中陰可分爲兩個面向：中陰的眞實本質，以及中陰的顯現方式。"眞實本質"指諸法的實相，而"顯現"是指諸法的顯現形式。"勝義諦中，諸法超越邊際界限，其本質爲中道。"

"超越邊際界限"，意指超越存在或絕對不存在的界限，超越眞正生起與眞正息滅的界限。諸法的本質，即究竟眞理（勝義諦），是超越各種概念戲論的中道，而戲論包括所有我們能想像到的關於眞實的任何概念。諸法本質超越這一切，因它不落兩端，故稱爲"中道"。因此，事實上諸法的本質在其中，或者說超越所有的概念與所有的二元分別。

迷惑始於對二元的執著——自與他、樂與苦等二元——包括了視自、他爲獨立個別的顯相。但是看似二元的諸法，其本質並非二元對立，它是超越二元的，法本上說它處於中間。不落兩邊的諸法本質即是究竟的中陰，或眞實本質的中陰。如下一偈所說，"一切法是它，且它是一切法，沒有一法之本質非它。"實際上，你可以說，此本質即所有一切法，也就是所有眞實存在的一切法，因它是所有法的本質。接著以此祈願結束，"願我能親見中陰本質。""親見"意指不僅僅是對中陰有所了解，而且經由明確的口訣、精進的禪修和其他的方法，直接親驗中陰。

中陰的另一面向是中陰事物的顯現，此處用的詞是"昆卓"(kündzop)，雖然字義上是指"假有"，但是通常譯為"相對"，或"相對真實"（世俗諦）。相對真實之所以為假有，是因為以無垢識來看，它並非真實存在，它僅僅是迷惑的過程以及迷惑的顯相而已；由於沒有起點而且也從未停止過，它是連續不斷的，有擴展的趨勢，且力量一直在增強，使得迷惑與時俱增。

由於迷惑，錯認世俗諦或假有為真實，這倒底像什麼呢？這就如一位熟練的魔術師利用法術或咒術，令觀眾看到各種非實存的事物。幻術士能使人看見任何想見到的人、馬、大象、房子等等，這些事物沒有一樣是在那兒的，但只要沒認清楚，就會產生歡樂、痛苦、失望、快活、享受、害怕等種種反應，彷彿它們真的就在那兒一般。我們對世俗諦的經驗，就是這種由自己迷惑的幻覺或虛妄所生的無始幻象。

我們通常譯為"存在"的這個字詞，字義上就是表示"可能"。因此，下一偈說，"在此可能狀態下，無一事是不可能的。"

此處，存在的本質與輪迴同義，因為它就建立于迷惑與虛幻之上。它是所有幻覺或迷惑投射的本質，因此任何事情都是可能

中陰：死亡時刻的解脫

的。任何形式的迷惑，任何形式的幻覺，都有可能發生，恰如幻術師能令你看見幾乎每樣事物一般。因此，最後我們祈願，"願我對中陰諸法的顯現得堅信。"

換言之，你祈願能確信所有的顯相——構成我們所謂的世俗諦或假有的迷惑的投射——只不過是迷惑心識的投射而已，於非二元之事，卻執信於二元。

接下來，法本轉而描述中陰的不同面向。首先，中陰可分為三類，其中第三類再分為三階段。中陰的第一類是這一生從生到死之間的期間，它指的正是從入胎出生開始，持續到臨終前的那段時間。這段期間，又可依生理狀況區分為：從投胎成為某一特殊生命（生），歷經衰弱（壞），而最終死亡（滅）。由生到死這段期間的經驗亦可用各種顯相之生理活動或生理變化來標記，譬如所有聽聞或言說的事，善念及惡念，樂受與苦受等等。

對於第一類中陰或期間，需要了解的是，其中所有的顯現，沒有一樣是可靠的，都是短暫的，不會持久，並且恆常在變易當中。究竟來說，第一種中陰處在恆常變易的狀態，而且此生的顯現，猶如魔術幻象或夢境般並非實存，僅是不停的變動和改變，並非永久持續的存在。對於這從生到死的第一類中陰的祈願是，要能認知此生的一切顯現僅是中陰變易的幻象。這要如何才能辦到呢？最好的方法是精勤的禪修，直到你能在親證諸法如幻之本質中住於等持，也就是能親證到諸法的真實本質——空性。如果無法做到這點，那麼至少在經由思惟審視後，要能確信此生的一切顯現都是暫時的，如幻且不可靠，這一點非常重要。

法本中敘述的第二類中陰是我們通常所說的夢境。這些看來似乎存在的顯相並非是真實的存在，因為它們存在於睡夢中。由於我們所謂的睡眠，是一種生理狀態，這期間，就如同第一類中陰一樣，也是以生理變化加以界定；在睡眠狀態中，就生理的變化而言，感官停止運作，聽覺、視覺、嗅覺、味覺、與觸覺都大致停止作用，此時心中所生起的影像，因為沒有五官的感覺加以壓制，所以變得似真實一般。在夢中似乎如醒時一樣，能做種種事情：作夢時，你認為一切事物是真實存在的，你認為你真正看見並聽到那些似乎是看到或聽到的事物，但實際上，你並沒有見到或聽到任何事情，你什麼事也沒做。

當你醒來時，雖然明知先前只是在作夢，卻常會更進一步地執著夢境，並賦以重要性，"那是個好夢呢？或是個惡夢？那會是什麼意思呢？"如此，即使醒來後，你更堅固強化了虛幻的夢境。作夢時，將夢境認做眞實，這是第一重主要的迷惑。醒來後，認爲所作的夢很重要，這是第二重的迷惑。此處的祈願是希望能清除對夢境的一切迷惑，這是對夢境的特殊祈願，但其涵意也適用於你所經驗到的一切。雖然可以用睡眠的生理因素來區分醒時的狀態與夢中的狀態，但在此二種狀態中，知覺能力的基本作用是相同的：都是染污，都是幻覺。一旦醒來，很容易就可以了解，夢境中迷惑的顯相並非眞實。而且如果仔細思考，你會發現，醒時的迷惑顯相並沒有更爲眞實。這些顯現就如作夢或魔術幻影般，同樣的不可靠、短暫與無常。此處眞正指出的是：若能消除視夢境爲眞的迷惑，就能進一步消除視醒時世俗萬象爲眞的迷惑之執著。

解脱可能的三個階段

第三類中陰就是人們通常所說的中陰，也是接下來本書的主題。中陰是**解脫可能的期間** (interval of possibility)，可以分成三階段。簡單稱爲第一階段、中間階段和最後階段，這些相應於臨終、死亡和趣向投生的三階段。這三者被稱爲"可能期間"，因爲在這情境中，各種方式的投生都有可能發生，稍後你就會了解。

　　有三種修道可作爲中陰此三階段的準備：藉著**淨光道** (path of the clear light)，認知第一階段的本質爲法身；藉著**幻身道** (path of the illusory body)，證得第二階段之本質爲報身，圓滿受用身；經由**化身道** (path of the nirmanakaya)，第三階段也是最後階段，轉化投生爲化身。首先你發願，"願我能圓滿此三道，並在此三階段中獲得解脫。"

　　那麼，這是什麼意思呢？你或許會說，"我觀修大手印"，或"我修持大圓滿"，或"我修習甚深中道"，或者你可能會說任何你認爲你在修持的法門，無論你從事任何種類的觀修，此三種修持體系的用意，都是希望你能夠親證諸法的眞實本質。若以諸法本質 "不是什麼" 的角度來看，你可以說，諸法本質 "不是實有的"；若以諸法本質 "是什麼" 的角度來說，你可以說諸法本質 "是非實有的"，或者說它 "是非獨立存在的"；諸法本質就是**淨光**（*clear light*）。

一般說來，禪修的目的是要證得淨光的直接體驗，並且能獲得足夠的經驗，如此在死亡中陰的第一階段就能得到解脫。如果你能了悟諸法本空非實有，那麼它就是在第一階段能導致解脫之道。

如果無法達成，你也可以觀想清淨顯相。也就是說，從諸法本質的空性中生起本尊：它可以是觀想從種子字生起本尊，或從一種法器生起本尊等等。不論是那一位本尊，金剛瑜伽母或其他本尊，你篤定自己就是這全然非實有，卻又極清晰，極清淨的形相。若能如此做，則在中陰的第二階段，就有獲得該本尊報身解脫的可能。

如果這些情況均未發生，你也可以準備投生爲化身。也就是說，經由慈心與悲心的力量，以及你發願祈求適當投生的力量，你可以防止低劣或不適當的投生，而選擇一種可以繼續修行，利益他人的投生。如此，在中陰第三階段，也就是最後階段，則能獲得投生的自由。

由於法本主要是闡述我們通常所說的中陰——此生與下一生之間的時期，因此，先就法本的內容做了如上扼要的概述。

第一階段：臨終

　　中陰三階段中的第一階段包括從死亡時刻到進入淨光。首先是元素（四大）的消融，這指的是身體物質的特性，例如堅固性、凝聚性等。當身體開始衰敗瓦解，也就是我們所謂的臨終時刻，元素開始崩離或消融。在此祈願法本中，元素的消融是以特殊順序來描述的，但是它們並不一定永遠依循同樣的順序。這標準的順序是依據大多數人的經歷過程而說，但是它是因人而異，並非一成不變。

　　當地大（堅固的元素）消融或潰毀時，身體變得遲鈍，移動困難，無法支撐身體，這就譬如當一個人年老體衰時；水大元素消融時，眼、鼻的感官機能開始乾涸，開始感到口乾舌燥，沒有足夠的自然津液；當火大元素消融時，體溫降低，四肢開始失去溫暖，煖受收回到身體中央，而當風大元素消融時，外氣便停止了，這不一定表示你已經失去知覺，你可能還有知覺，你的神識仍然停留在身體內，但是在那時，你呼吸停止了，脈搏也停止了，這個順序可能會因人而異。四大元素消融後，隨著發生的是

"顯" (appearance)、"增" (increase)、"得" (attainment) 三階段的過程，然後進入淨光。然而有時候，有些人呼吸尚未停止，就已經經驗到顯與增。這是因爲那些人在臨終尚能言語時，描述其經驗，所以我們知道他們在呼吸未停之前就經驗到顯與增。然而，爲了清楚起見，我們依照正統的順序，根據大部份臨終人的經驗，也就是在四大元素消融後，接著發生的是顯、增、得，然後淨光。

四大元素消融後，接著而來的三階段：第一階段是**顯的消融**，臨終的人會感受到一切顯相消失了，變成白茫茫的一片亮光，或均勻的白光。這種顯相屬於第一階段，它伴隨著一種知覺，這種伴隨的知覺是，你的覺知或心識變得有些模糊，像水氣或煙霧，這種狀況就像你的知覺有時能集中，有時不能集中。許多臨終的人在呼吸停止前，就經驗到這些，或者至少開始有這類經驗。

我在大吉嶺時，認得一位老喇嘛，他臨終時描述了這一切的過程，直到顯的消融這一點，甚且還略超過了一些。麥克朵倫 (Michael Doran)，紐約三乘法輪寺 (KTD) 的一位執事，在他斷氣前，肯定經驗到顯的階段，因爲他在臨終時說，"這些光都從那兒來的呢？"這並非不尋常。當它發生時，表示臨終的人正經驗到顯相的消融。伴隨顯相消融階段發生的第三件事是，特定類思想的抑止，三十三種不同形式的瞋煩惱，或者說三十三種不同的瞋念，簡言之，也就是所有的瞋念，全部停止了。然而"停止"僅表示它們受到壓抑而停止不動，並非臨終的人已經清淨了瞋煩惱。是臨終的身體狀況使瞋念起作用的生理機能停頓了，因此，瞋心暫時被壓抑了。

臨終過程的下一階段是增，這是指在前一階段所生起的死亡顯相的增加。這個階段也有顯相，知覺的面向，以及抑制或停止的面向。這時的顯相，臨終人所看到的一切都變成紅色。先前一切都是白色，而現在一切都成了清一色的紅。臨終者的知覺如螢火蟲般，此表示時有時無：有時閃現，有時消失，有時心靈清明而集中，有時卻又蒙蔽不清。到了臨終的這個階段時，被抑制的思想部份包括所有形式的貪欲、慾望、執著、渴求、熱望，任何種類的貪欲妄念全部都止息了。同樣地，並非指亡者清淨了這些貪念——四十種不同的貪念，而僅僅是因生理機能的死亡過程，貪念被壓抑了。

首先必須了解，這順序是不確定的，而且法本上也明確地說這是"大部分"的情形。我們知道，有些人會曉得自己正趣入死亡。知道自己正要死亡的人，也將憶起過去所做的種種事情。如果他們一生行善，將會感受到幸福與快樂；如果一生總是在傷害他人等等，這時他們可能開始感到恐懼。例如，假使臨終的人此刻仍能說話，我們都聽說過，那些宰殺動物的屠夫與傷害其他眾生性命者，常會有恐怖的幻象，顯示出他們未來的投生。他們也可能感受到有什麼事物要來拘提他們而恐怖地說，"把這些動物趕離開這兒，它們要來捉我了！"等等。通常人們在此刻會開始瞥見來生的處所。如果將投入胎生或卵生，此時也可能見到來生父母的模樣，以及未來的身形等等。他們會一再地瞥見來生中的不同狀態或情境，但並不穩固。

簡言之，臨終的人可能覺察到自己正要死了，而且可能憶起他們以前的種種作為。在此刻我們若能介入的話，對亡者最具利益。什麼樣的介入呢？當顯相消融而進入增（紅色的顯相）時，臨終者的知覺多少可以被引導。換句話說，他們的心識有如肥沃的土壤，在那時候種下任何東西，對他們接踵而來的中陰都會產生強而有力的作用，因此也會影響他們的來生。此時，唸誦佛號、佛的心咒，如阿彌陀佛的心咒、傳承上師的聖號、成就者的名號，以及清淨罪障的甚深咒語，如金剛薩埵的咒語等等，都是非常有益的。最理想且最有力的是，亡者自己能自身實際持誦這些名號與咒語，或者至少能在心中憶念。否則任何一位在此臨終過程幫助亡者的人，都可以在臨終者耳邊，或甚至把嘴貼在其耳旁，唸誦名號與咒語。以這樣的方法幫助提醒他們從前祈請的對境。

你也可以提示他們從前做過的修行或善行，給予指導，或鼓勵他們觀想阿彌陀佛、蓮師或他們的根本上師在他們的頭頂，而將神識投射入頂上的本尊等等。因此在這時，為亡者修遷識，最具有大利益，因為這時神識仍在身體內，能夠被掌握且遷移。總結地說，這是關鍵時刻，各種類的幫助，均具最大利益。

我們已講說了臨終時刻，在體驗淨光之前，消融三階段中的前二階段，顯與增。在增之後到來的第三階段是**得**。這是生命消融生理過程中的最後階段，也會引生相對應的經驗。此時的顯相是完全的黑暗。這並非黑色的顯相，事實上是完全沒有顯相。先前有明亮耀眼的白光，然後是耀眼的紅光，而現在則是全然沒有顯相了。這現象的發生，是因為支撐或能生起顯相作用的身與心之功能已停止了。相對應的知覺經驗是，你的覺知，你的心識，變成如瓶中的燭火。一只置放在瓶內的酥油燈，可能點著並燃放光亮，但是光線卻絲毫透不出瓶外，從外觀看到的只是個黑暗的瓶子。同樣地,赤裸的清明覺知持續著,但是此覺知並不與顯現的外境或被認知的對境有任何接觸。那僅是一種明晰的狀態,並沒有以感官或者認知力去辨識任何事物。

當八十種分別妄念的最後七種停止時,認知力就停止或消融了。前面我們看到與瞋有關的各種妄念,以及與貪相關的各種妄念停止了,現在最後七種妄念,也就是癡或無明的七種妄念也被抑止了。它們並非永久止息,而是受到壓制,蟄伏不動。與前面兩種壓抑的狀態一樣,這壓抑是由單純的事實引起,也就是支撐這些思想妄念,能令它們與對境發生作用的生理過程,已不再產生作用。這些妄念雖然停止了,但並未被清淨,妄念的傾向並未被根除。

整個消融的過程中,感官能力逐漸消失,這能力指的是六種主要的識的功能:能分辨色的眼識,能分辨聲的耳識,以及鼻、舌、身識與意識。在消融過程中,這六識逐漸衰竭。所有的相,不僅是影像,也包括聲音及其他的境相都慢慢失去強度與清晰度,最後完全消失。在臨終人的身上,常常可以看到這樣的情況。有時坐在臨終者的床邊,會聽到他們說:"靠近一些,你離太遠了。"因為眼識的消融,他們看到你的位置,比實際還遠;他們也會說："說大聲些，我聽不見。" 因為耳識也同樣在消失中。

　　顯、增、得這三項消融結束時，一個人身心所有的元素都偃息了。換句話說，一個人的蘊，也就是根、識全部都暫時蟄伏，如法本所說，"進入勝義壇城"*(enter the mandala of absolute truth)*。這是說它們暫時不再是無明染污之因，但是它們並未被清淨或根除。它們只是蟄伏偃息而已，而且因為你不再見到或聽到任何聲音與色相，各類幻象便會在此刻生起。作惡多端的人，通常會有恐怖的幻象，看到劊子手、閻羅王、惡魔等來捉拿他們；前世行善的人，可能有安寧的感受，譬如瞬間瞥見愉悅的環境、歡樂的人們等等。切記，這些顯相就如夢幻般！由於六識的消融，這些幻象完全是主觀的。就如夢中影像，這些都不穩定；是會變動的，從一物幻變成另一物，總之不會持續很久。

死亡時刻：經驗淨光

　　構成死亡的最後狀態出現時，消融的過程就結束了。維持我們活著的——保持我們的神識在體內——是一種氣或能量，稱之爲**命氣** (life wind)。命氣存在於身體的中脈內。我們知道，成就一個生命體的條件來自於父精與母卵。導致生命體的這兩種原來的種子仍存在於身體內，由命氣固定住，而它們也含攝著命氣，將命氣留在體內。道理是這樣的：來自母卵殘存的種子精華是**紅明點** (red element)，人活著時，它是存在於身體中央，肚臍之下。來自父精的種子精華是**白明點** (white element)，它存在於身體中央，頭的最頂端。這兩個種子精華被遍滿中脈內的命氣分別限定在中脈兩端。中脈內充滿了命氣，就好像輪胎充氣而膨脹般。不僅命氣將種子精華限定在中脈的上下兩端，而且同時兩端的種子精華也將命氣含攝於其間，不使它流失。

　　依傳統說法，命氣是維持生命的最基本因素，在消融的過程中，命氣是最後才停止的。當命氣停止時，它收攝入心間，就好像輪胎消了氣般，只是中脈並非真正消了氣，而是存在其中的壓力收攝了，結果，紅、白明點第一次開始移動了。得自母親的紅明點因為無物將它壓下，便往上浮，最後停留在心間；同時，得自父親的白明點從頭頂往下降，直到它也降到心間。最終，構成生命精要的五項因素：即最基本的心——也就是一切種識（阿賴耶識）*(the all-basis consciousness)*、先前遍滿中脈的命氣、所有潛在的五識功能以及白、紅明點，齊聚在一處。這五項匯聚在中脈內，心的正中間，這是死亡的眞正時刻。

當生命體的這些精要齊聚一處時，並且由於各種類的妄念或概念全部停止，暫時偃息了，你會有一種認知的覺受，而非感官的覺受。其特質是像無垢、清徹、無雲晴空的經驗覺受，它就是基本的或基光明的覺受 *(fundamental or ground clear light)*。這一刻所經驗到的，並不是因為生前禪修的緣故。不僅是人類，甚至連小昆蟲，在死亡過程的這一刻都會經驗到此，因為那是我們的眞實本性。會經驗基光明就是因為一切眾生皆有佛性，在這一刻所經驗到的就是佛性本身。

在這情況下能經驗到基光明，而平時卻不會經驗到的原因是：通常它為分別妄念遮蔽了。由於此時所有妄念全部蟄伏不動，不再有任何分別妄念遮蓋住佛性的經驗覺受，這是好消息；壞消息則是，除非生前曾精勤地修習，訓練自己去認知淨光，否則這時是無法認出來的。每一位眾生都會經驗到基光明，但顯然那是不夠的。如果你沒有足夠的經驗去認知它，你是會被震懾住的。你會像一個小孩看寺廟中的壁畫般。當小孩看壁畫時，他們看到的顏色形狀與成人所見相同，但是他們無法辨識出它們所描述的是這樣或那樣。他們無法判斷「這畫得好，那畫得不好」。他們也不能思考，「這裏畫的是這位本尊，那裏畫的是那位本尊，」等等。他們對所看的事物懵然無知。同樣地，如果你在生前不曾修習，不能熟練地認知淨光，即使這時看到了淨光，對你也沒有任何的幫助。每一位眾生在死亡時刻都會經驗到淨光，你也會經驗到。然而你將無法認知它，淨光只能維持片刻而已。刹那間，你就會從那種經驗轉移到下一個經驗。此處「片刻」並不一定表示某一特殊的時間單位，譬如說一彈指間。它指的是一種動作不為其他任何動作打斷的期間。當沈浸於淨光經驗的時候，你是完全浸淫其中；然而，無法認知淨光時，你的心識便從淨光中出來，而進入其他階段，淨光便結束了。

因此，在生前能夠熟悉淨光，是最重要的，遠超過一切。這是由聞、思，更重要的是經由禪修而達成。了解死亡時會發生的事情，以及會經歷的過程，就能做好準備去認知淨光。藉著禪修的練習，來培養憶念與警覺的能力。尤其是依止上師的甚深口訣來禪修，將能開展正念與警覺的能力，而當基光明升起時，你就能認知。

你可以依據教導觀修淨光的傳承來修習，譬如中觀、大手印或大圓滿。依止以上任何一傳承，經過一系列的練習，最終達到在此生就有能力能認知淨光的某種程度。透過禪修，行者所經驗到的是**道光明** *(path clear light)*，或者稱**子光明** *(child clear light)*，那是經由精勤且有覺知的練習而經驗到的。唯有如此培養練習，才有機會在死亡時認出自然的母光明。在這類禪修和以這些修持為至高點的整個體系，其目的是要令心安住在無任何戲論的狀態，如此去熟悉道光明，或稱子光明。當死亡時，由於你已經熟悉了道光明，就能認出基光明，或**母光明** *(mother clear light)*，正如你能認出以前見過的人一般。

見到子光明，好似看一張現代的照片。如同一個人的照片，與其本人會有些差別。同理，修習得來的子光明，與真正的母光明是有些差異的。如果你曾見過某人的一張好照片，你以後也可能因見過那張照片而認出那人來。同樣地，在此生，如果你修習而得到了真正道光明的經驗，在死亡時，你就可以認出基光明。

此生修習淨光禪定的狀態有三種特徵：樂、明、與無念。我們通常經驗到的淨光是相當不完美的。因為在此生，它是瞬息即逝的。並且它的顯現僅能達到某一程度，不會超越那程度。你會經驗一些樂，一些明，和某種程度的無念。然而，死亡時候所經驗到的基光明具有最究竟的這三種特徵，它具有最究竟、最完美的樂；它是全然清淨的明；並且它也是徹底、完全、無任何概念思惟的無念。這些特質與你普通的心識狀態截然不同，你的禪修必須達到相當的程度，與這三種特質類似，你才能認知它。因此在此生，你必須修習子光明 (child luminosity)，也就是專一三摩地，或是具有基光明特質的禪定。

基光明 (ground clear light) 被稱為 "基礎或基本淨光明"，"母光明"，和 "自然淨光明"。因為它是諸法的真實本質，故有此三種稱法。它自身是完全的清淨，從本始來，它就是全然地清淨與圓滿。事實上，它是不能被摧壞的，不受任何事物的影響，而且也是完全不會變易的。過去不曾變易，現在不會變化，未來也不會改變。唯一會改變的是，它是否被經驗到？以及經驗到它時，它是否被認知了？如果前一世曾精勤修習，熟悉子光明，那麼當基光明現前時，就會像孩子認出他或她的母親般，這就是**母子光明會** (meeting of the mother and child clear lights)。在那一刻，你同時經驗到眞實與本然的淨光，並且根據你的修習經驗，你也會認知它。你從前所體驗到的，與那一刻經驗到的，兩者結合在一起，就像水倒入水中一般。這是最好的解脫方式，在死亡時刻解脫 *(liberation at the moment of death)*。在某一方面來說，你可以說這是中陰的開始，因爲它是中陰的第一階段，但是它也被稱爲**前中陰** *(before the interval)*，它是解脫的第一個機會，法身解脫，是最上根器，已嫻熟淨光的人證得解脫的機會。

當一個人在死亡時刻認知基光明，這種解脫是完全而且究竟的，了解這一點很重要，可以在死亡時，眞正證得圓滿的覺醒或佛果。當一個人證得這種解脫，他們也證得佛果與其所具的一切功德——不僅是他們個人得到解脫，並且從此具有永恆遍在的能力，能以各種可能的方式，成就他人的無上利益，直到每一位眾生同樣達到圓滿覺醒。在死亡時刻認知基光明，就有可能達到覺醒與解脫的境界。認識這價值後，我們應該放棄此生的散亂。散亂指的是，所有通常令你憂心掛慮的事——那些毫無用處的事，不論是眼前，或是長久以後，或者那些事實上是毀滅和負面之事。你甚至應該放棄那些頂多僅是暫時，而且大半都是物質利益的事物。那類事物令人散亂，因爲牽扯在內會使你無法專注精進修行，而精進修行是證得解脫與覺醒所必需的。要獲證此境界，你必須放棄一切散亂，安住靜處，也就是如米勒日巴尊者一樣，在靜處修行，並且持守三門寂靜。

三門寂靜指的是身寂靜，維持金剛跏趺坐，沒有任何不必要的動作，尤其是不造作任何無意義，不需要的身體行為。語寂靜是止語，不為喋喋不休，毫無意義的世俗談話打擾。意寂靜是說心無戲論造作。這指的不僅是止的境界，更是觀的境界，心不追隨各種妄念或戲論概念。簡言之，為了要體驗並能認出淨光，就必須要培養無執著，明空雙運的禪定境界。

心的定義就是能認知，能感受，有覺知。因此，心的特質是能知的明。心不是只有明，因為它不是像太陽或月亮般具有實質的明亮。心雖然明晰，卻全然無實質，它空無任何實體。更且，這明與空不是兩件不同的事情，它們是不可分的。如實覺察你的心，如是安住在那境界上，那是明空雙運。無任何執著，無任何分別念頭，這就是大等持 (great even-placement)。一般說來，等持可以是止的禪修，或是觀的禪修。此處指的是觀的禪修，因為那是更甚於止的境界。在此境界，心完全徹底地安住在其本質的直接體驗中。你停留在此境界，修習最極單純的行持 (conduct of extreme simplicity)。這是指無造作、離戲論的行持。你的心識不僅遠離世俗事務、散亂與騷動,更且不受制於心的概念與妄念本身。此刻你發願要嫻熟此最極單純的行持,要能在死亡的那一刻獲證殊勝的解脫,圓滿的覺悟。

這一種解脫並不純屬傳言,不是當我們談到這種解脫時說,"從前的人能夠證得這樣的解脫,但是現在已經不復有了。"事實上,這種解脫一直持續在發生。我一生中——更確切地說,自從我離開西藏之後——在我的經驗裏,同時也發生在無數人的經驗中,曾有許多次這類的事情。當我三十八歲時,有位直貢噶舉的上師——噶仁波切 *(Gar Rinpoche)*。這位上師在當時我們住的印度巴克色達爾 *(Buxador)* 難民營內圓寂。要了解他及其遺體所發生的事情,就必須先知道,他過世前病得非常嚴重,身體十分贏弱;但是在臨終前,他坐得十分筆直,看來非常舒適自在。他遣開了一直在照顧他的侍者們,並且說,"你們都到外面去玩吧。"然後要求把他的袍子及禪修帽拿來,穿戴上後,他開始修日課,唱誦了前半段日課,就在那狀態中圓寂了,留下後半段日課未完成。死亡後,停留在禪定中三日。

當時印度巴克色達爾的天氣十分酷熱,我們都知道,在炎熱的天氣屍體腐壞發臭得非常快,但是他的遺體卻不是這樣。在禪定三日中，他始終維持筆直坐姿。不論是外相或氣味，沒有絲毫腐爛的跡象。事實上，他的遺體所在的房間，除了季節與地點的炎熱外，更有人們供了近百盞酥油燈所增添的熱度。然而這雙重熱度並未引發任何腐敗的氣味；至於他的遺容，我們都知道，人死後，一般說來，容貌至少不再是紅潤。但是那位上師的容顏，實際上卻改變了。他死後比生前看來更紅潤，更栩栩如生。

特別是生理循環現象、紅潤的顏貌、沒有腐敗等等，這些徵兆都被認為是在死亡時刻證得法身解脫，圓滿佛果的跡象。另一個例子是我認識的一位關房指導上師。他以相同的方式圓寂，有著同樣的跡象，維持坐姿三天。也有一位叫做噶瑪諾布 *(Karma Norbu)* 的喇嘛，他曾在八蚌寺閉過關，是洽查仁波切 *(Chatral Rinpoche)* 的弟子。他住在尼泊爾一個偏遠地方的小屋。該處水源非常匱乏，常引起他與鄰居的爭執。然而當他死時，從他的身體與其房屋出現一道如彩虹般的五色光芒，遍滿週遭地區。人們也注意到他的身體一日日地縮小。鄰居當然認出這些象徵的意義，並且多少有點後悔從前與他的爭吵。現在他們都對他的遺體膜拜，十分尊敬。

喇嘛貢噶 *(Lama Ganga)*，曾在西方住過許多年，圓寂於創古寺。在他死後，維持禪定坐姿至少五天。這是我親眼見到的，因為當他死時，我就在那裡。我的重點是，即使到了現在，仍然有許多以這些方式，證得圓滿覺醒的例子。事實上這是常有之事，人們習以為常，也不會每一次都加以報導。他們只會說，"祇要修習佛法，就會得到如此結果，那是法的加持。"但是你應該重視它所代表的意義，而不要如此輕率地看待它。因為那是確切且無法辯駁的，在死亡時刻能證得圓滿覺醒的證據。

我提到這些並且詳加闡述，因為雖然我們身處五濁惡世，但是佛法並未受到影響或消失，知道這一點是很重要的。我們的確生活在末法時期，但是佛法並未衰損，佛法一如往昔。西藏地區在過去一世紀來，經歷很大變化。所有加諸於人民的大災難以及造成修行資源的大損失，絲毫未影響佛法的力量或真實性。佛菩薩的慈悲與加持，完全不為我們生活時代的狀況所影響。只要去修持佛法，佛法始終是有力的，始終是有效用的。我有信心，如果一個人能如理如法地修持，一定可以達到此處所敘述的結果。這是絕對無疑的。我想以同樣的信心與認識來激勵大家：**"假使我如是修持，我將如是證得。"**

它是如此簡單，並且如此正確。因為我們的本性就是基光明，那是你真實的本質。要達成覺醒所必須的另外一件事是，經由道光明的禪修，來熟悉你的本性。最大的問題是，一個人在生前是否精進的修習道光明。顯然這是要看一個人是否曾接受過修持的指導。而此明顯地，必然依賴是否曾親近善知識。如果你不曾親近善知識，也不曾得到任何指導，你將不會從事任何禪修。因此，也將得不到解脫與覺醒。

　　一旦你親近了善知識，一旦你得到了如何禪修以培養熟悉道光明的口訣，你就只需去修習。如果你能夠精進修習，則在死亡時刻，獲得解脫與覺醒將是必然的。

中間階段：死亡之後

生前，如果你對淨光沒有獲得充足的熟悉度，那麼在死亡時刻，你將無法認出基光明。基光明出現之後，就進入中陰的第二個階段。這是中陰的主要部份，如我們所見的，這是大部份人在使用**中陰**一詞時所認爲的中陰。先前在死亡時，匯合在心間一處的是你的一切種識（阿賴耶識）、殘存的命氣、其他五識的潛能以及紅、白明點。如果在其時沒有認出基光明，這五者就再度分開。其中二項就離開了你的身體，這兩項——識與命氣結合在一起——從你身體的九個孔竅之一出去。這九個孔竅是臍、眉間、頂穴、鼻孔、耳朵、口、眼睛、肛門以及尿道。識夾雜著或駕馭著命氣，從身體這些孔竅之一出去。一旦出去，就不會再回到身體內了。當識一離開身體，中陰的顯相就開始現起，*"從那一刻開始，你有著來生身體的形相。"*

所以如此敘述是因爲法本很簡要，若要詳細介紹，通常會解釋爲：在中陰的前半段，你顯現前一世的身形，而在中陰的後半段，你將顯現爲來世的身相。理由是，這種顯現純屬意生身

(mental body)，是習慣使然。你起初顯現的是前一世的身形，因為那是你所習慣的，是你預期的。從另一方面來說，導致你投生，且活在前一世的業力已滅盡，這就是為什麼你會死亡的原因。因此，前一世業力習性，在中陰時期會失去重要性或減弱。

起初，你印象很鮮明，感覺自己擁有與從前一樣的身形。換句話說，你認為你就是前一世的你。譬如，我會認為我就是卡塔，想著“我具有卡塔的身體，”等等。在中陰開始時會顯現那樣的身形，但是當中陰持續時，那個身形會開始變得不清楚，且逐漸模糊。然而在通常所說中陰四十九日的後半段，你開始對你未來的身形有著先是模糊，但卻越來越清晰的印象。

無論如何，不管你顯現出那一種身形，它都是具有某些特徵的。不要忘記，那純是幻相！就像是魔術所起的幻相，一種催眠的影像或幻覺。然而實際上，這身形是獨立的，它不會成長，也不是任何事物所生出的。因此，它與肉體的因緣無關，它與大部份的身體條件也是分開的。它與你目前的身體不同的是，你目前身體的缺陷或不足，都會復原。舉例說，假使你曾有一腿截肢過，你將再擁有那條腿；假使你有一種或多種根識的殘缺，例如你有一眼看不見，或有一耳聽不到，在中陰時，你將會重獲那些功能。

中陰眾生似乎絕不會有殘缺的感官，當然，他們根本不會有身體生理的五官，這就是為什麼他們的感官不會有殘缺的原因。中陰眾生對自己及對其他中陰眾生，會顯現出他們那一特類所具有的完整感官。因為他們僅是意生身，可以穿越堅固的物質，正如蒼蠅越過陽光般，它在光線中嗡嗡作響地穿梭，而不被阻礙。同樣地，身為中陰眾生，你可以穿越堅固物質，甚至是最堅硬的岩石。這並非你具有神奇的能力，純粹是因為你的身體是意識所成。意識能到任何地方，做任何事情，它不需身體或語言的作意。由於這緣故，已成中陰眾生的你，會立刻出現在任何你憶念到的地方。

從某一觀點來看，你可以說這是很神奇的，但不要忘了，這是衝動的。衝動一詞具有負面涵義的自發性，因為它是無法受到控制的。你被任何你想到的事情四處吹捲，並且沒有肉體能阻擋你不立刻被吹到另一地方。由於沒有肉身，中陰眾生不能受用衣物，也不能享用食物。他們仍然有饑渴的習性，而且也受饑渴之苦，但是卻不能吃或喝。他們只能享用氣味，但卻不是任何氣味都能滋養他們。真正能讓他們感受滋養的唯一氣味是那些專門獻給他們的物品所燒出的氣味。因此能燒些藥材與食物的混合物，並且特別迴向獻給中陰眾生是很好的一件事。這是為什麼我們常在每天傍晚時觀修煙供，尤其是新近有往生者的時候。煙供包括了加持過的物品和其他食物，布施獻給亡者與其他的中陰眾生。

　　誰能見到這些眾生呢？他們能見到自己，而且彼此也可互見。中陰眾生能見到其他的中陰眾生，但是通常我們是無法看見他們的。例外的是那些經由禪定力得到天眼通的人，以及具備少許此類神通的中陰眾生。中陰眾生也可能擁有某種神通，但那是沒有選擇的強制性和衝動性，不像聽起來那樣的好。譬如，中陰眾生也許會知道某些事正在發生，例如有傳法的事，他們可能去了那裡，但是他們對傳法的反應，不一定是正面的。

　　一旦在中陰期間停留久了，開始顯現出來世的身形，而不再是前世的模樣，這提供了一些線索，可顯示出你將來投生的地方。除了顯現出你即將投生六道中任何一道的形相外，你所處的空間位置也會提供一些線索。將投生到上三道的眾生——人道、天道、或阿修羅道——會往上方移動，並且通常是面朝上方，頭向著天空而非地面。投生下三道的眾生——畜生、餓鬼或地獄道——通常是面朝下方，並且往下面移動。由於中陰眾生沒有身體，也不再有眼睛，因此，沒有根基去感受自然界的光，他們看不見太陽與月亮。他們能經驗到類似我們的環境，而且也示現在一個地方，但是他們看不到太陽與月亮的光，他們的身體也不會投射出影子。

這時法性的清淨顯相現起了。當亡者沒有認出基光明後，神識就離開了軀體，而中間階段就開始了。法性清淨顯相包括了特別是寂靜尊與忿怒尊的顯相。這些是四十二位寂靜尊，五十八位忿怒尊，以及清淨持明者。當你的神識離開身體後，他們就出現了，他們看起來是從你的軀體現起。雖然是你的一部份，但當他們離開你的身體後，似乎就變成與你分開了。他們好像顯現在你面前，或在外面，以莊嚴的本尊現起。具有寂靜尊與忿怒尊二者各自的顯相，他們是報身或圓滿受用身。他們非常明亮、燦爛，被刺眼而令人無法忍受的五顏六色光所圍繞。事實上在他們出現時，通常你不能證得解脫的原因，是由於他們那種令人無法忍受的刺眼亮光。

在同時，另外五種光也出現了，這些代表著六道，是五種投生類型的路徑。這五種類型是天人、人、畜生、餓鬼和地獄眾生。因為這五種光是投生的類型而非種類，所以不包含阿修羅。阿修羅或稱嫉妒天人，它的種類包括兩種眾生或兩種類型，有時屬天人，有時屬畜生。這些投生路徑的光是白色、紅色、黃色、和藍色以及非常暗的藍色，幾乎是黑色或不存在的暗淡藍色。顏色的順序並不一定絕對一致。重點是，六道中境況愈糟的，光線就愈不明亮。理由是淨相的光（智慧之光）——可以是白、黃、紅、藍或綠——都是非常、非常光亮耀眼的，那是令人難以忍受的刺眼光芒，你可能會認為那類的光具有威脅、危險和毀滅性，而逃離它。代表投生的五種路徑（也就是六道）的光全部都很微弱，顯得非常柔和。由於業力使然，如果你覺得智慧光很刺眼、很恐怖，你可能就會選擇六道之一的柔和光。更糟的是，由於下三道的光比上三道的光更柔和，投生下三道的機率就遠超過上三道。

因此，當你來到了中陰的這一部份，也就是第二階段開始的時候，你所要做的是，選擇那些具威脅性、燦爛耀眼、異常鮮明的光，而不是那些柔和、微弱的光，因為五智的五色光是解脫的第二個機會。要在那時能如此做，你活著時就應時時思惟，那些非常非常明亮、刺眼、嚇人的光，那些耀眼奪目的光，是智慧之光，是五方佛智慧的展現。反之，柔和、微弱的光，最低限度是會導入輪迴，而且可能會進入惡道。起初，你或許只會見到燦爛的光，而不是本尊。燦爛強烈的光芒看來似乎像是武器。經由禪修以準備這種體驗是很重要的，因為如果你選擇智慧光的路徑，認出它們是通向解脫之門，你將在與它相對應的佛剎土中證得解脫。如果你選擇了任何一種輪迴光的路徑，正如我們顯然都已做過那樣的選擇，你知道是會有什麼結果的！

在這階段，你擁有的意生身似乎是前一世所具的身形。雖然這意生身的根、識都已恢復正常了，但是你不會立即認出它與你的肉身有何不一樣。你必須已作好準備，能認出自己已經死亡的徵兆。這一點很重要，因為在中陰時要選擇如何做的先決條件，顯然是要知道自己已經在中陰了。如果你不知道這一點，你將無法做出正確的抉擇。中陰的徵兆是什麼呢？通常的徵兆是，顯現的聲音與形象全然不熟悉，而且大部分都相當可怕。這些顯相隨著在中陰的時間愈久，會愈來愈恐怖。你會聽到駭人的聲音，像是億萬個雷鳴同時響起。並且你會看到不同種類眾生的形相，不僅有智慧本尊，也有如高山般大小的恐怖眾生等等。你看見並聽到各式各樣你以前從沒經歷過的恐怖事情。你愈來愈心驚膽顫，這表示解脫的機會在這期間是愈來愈渺茫。重點是，你必須認出你已經在中陰了！而要做到這一點，你就必須培養熟悉中陰的那些徵兆。一旦認出了，你就應該做正確的抉擇，也就是選擇五智的路徑，而非投生輪迴的五種道路。如果你不知道自己已經在中陰的話，你將不會選擇五智光之一，你就只會憑著直覺，投向柔和光與輪迴。

隨著時間的消逝，你以意生身停留在中陰的經驗持續著，而煩惱也會再度現起。由於你的心識絲毫不再受堅固肉體的束縛與管制，你會愈來愈焦躁不安。如同在世時一樣，焦慮會引生煩惱。當中陰持續下去時，煩惱也會愈來愈強烈。煩惱會變成像熾燃的烈火，把你完全吞噬了。不要忘記，你同時被前一世所作所為的業風四處狂捲。業風以瞬發的妄念形式浮現，將你從一處襲捲到另一處，而無法自己控制。當你的焦慮與煩惱增強時，這種經驗就變得愈來愈狂暴，愈來愈糟糕。你愈來愈沒有餘暇想到任何事情，你變得愈是驚惶與悲傷，並且幻覺也愈惡化。你開始愈來愈驚慌失措，看到愈來愈多恐怖的事物。對這一切的反應也愈來愈焦躁，愈來愈煩惱等等。除非你已準備好，並且熟悉即將發生的一切，否則你絲毫無法應付，也完全無法控制這一切。你就只會被四處吹捲，無一物能真正幫助你；你被自己猛烈的業力之風所衝擊。要知道，此處 "風" 是一種比喻，而不是真正的風。它指的是以前行為所生出的衝動力量。它會將你無法自主地從一處拋擲到另一處，從一經驗進入另一經驗。通常，被那樣子的衝擊猛撞，是中陰第二階段的主要經驗。

此時，正是我們所說中陰聞即解脫的時機，這也是為什麼中陰的教授被稱為 "聞即解脫" 的理由。因為透過教授，熟悉了中

　　　　中陰：死亡時刻的解脫

陰時所有會見、聞到的各種現象。如果一個人能夠在中陰時認知那些現象，那麼就能夠在認知的當下得到解脫。在西藏有兩個關於中陰解脫的故事：

從前有位牧人，沒受過什麼教育，他經常到一處殘破的寺廟遺跡放牧。在斷垣殘壁上有幅壁畫，描繪著一位女性本尊，那是文武百尊內，五十八位忿怒尊之中，二十八尊自在母 (ishvaris) 之一。那位本尊身白色，有著鹿頭，手持寶瓶。這牧人每天都坐在壁畫前，午餐時，他都會拿一小部分食物供養壁畫上的本尊，因此他對此本尊變得非常熟悉。結果當牧人死時，他面對面地見到了那位本尊。在認出這位本尊的當下，他即在報身佛的刹土獲得解脫。

同樣地，從前有戶人家延請當地一位有名的喇嘛到家中作法事，於每天的同一時間唸誦《中陰聞即解脫》的經文。這人家的一位老婆婆每天在那時間也會在旁邊幹活。她常聽見喇嘛念著："她有著戴勝鳥（那是一種頭上長有羽冠，嘴巴細長，啄木鳥類的益鳥）的頭，身紅色，手拉著弓箭，在那時就應該做如此這般的事情"。老婆婆因此記住了這些經文。而當她自己過世並進入中陰後，她見到了那位有著戴勝鳥頭、身紅色、手拉弓箭的女性本尊，她很高興地說："哇！這就是喇嘛始終在念誦的本尊啊！"由於認出那位本尊，她就得到解脫了。

中陰時，你確實會見到這些本尊和他們的顯現，如果你能認出他們是清淨的本尊，你就可以獲得解脫。為甚麼呢？因為不要忘記，在那一刻，由於先前的消融階段，貪、瞋、癡三毒都偃息了，雖然它們並未被清淨，而只是暫時靜止不動，但這已經讓你有獲得解脫的可能。然而，不幸的是，若你認不出這些本尊，因為三毒僅是暫時潛伏不動，並未被清淨，所以當它們後來在中陰再度現起，就會導致投生輪迴中。

因此，在這階段，經由聽、聞有關解脫的機會，你便有可能避開投生輪迴的五種微弱之光，而選擇五智之光，從而證得解脫。因為在中陰的這階段，唯有聽過這些解脫機會的人，才有可能把握住這些機會。因此，事前的準備與熟悉這些經驗是很重要的。

由於中陰的境界被認為是一種存在狀態，通常我們把它歸列為一段四十九天的期間，那似乎是大部份眾生停留在中陰的長短。死亡之後的最初三天半，在沒有認出基光明，而且基光明也

死屍以習慣的方式說「哎！那是具屍體，它不是某某人，不過是他的屍體罷了」，你是不會喜歡的。你對那軀體還有著相當程度的認同，認為它是你的一部份，因此你將感到沮喪，正如生前人們對你的身體指指點點一樣。

最後，當你覺悟到自己已經死了，你會嘗試著去安慰那些你所愛而哀傷不已的人們。你會說，「不要擔心！不要擔心！我就在這兒，你看不到我嗎？我就在這兒啊！」當然你所愛的人看不見你，因此你感到更是傷心，因為你無力安慰那些哀慟的親友，你自己也會因此開始哀傷號哭。你可能因為極度悲傷、沮喪而昏厥。而另一方面，當你看到人們並不傷心，你會很憤怒，怨恨那些在你已經死了後就不喜歡你、開你玩笑、嘲笑你，或者不尊重你的人們。你會覺得有些人根本不在乎你已經死了，他們為其他的事嬉笑、玩樂或享受。而一般說來，他們依舊忙著自己的正常生活。你會想著說，「我處身在這種地步，他們怎還能做那些事呢？我才剛被拽出我的身體！正在中陰飄蕩呢！我才剛經歷了這一切，但他們卻在那兒歡笑且享樂，我卻無法與他們溝通！」

身為中陰眾生的你，確實會對那些人生起瞋恨，即使你並不認識他們。你憎恨那些不是很傷心的人，如同你為那些哀傷的人感到心痛一般。看到你的財物，尤其是那些特別有價值或珍貴的物品，被處置掉時，你心生怨恨。當別人使用你以前的東西時，你就會想：「那物品對我來說是很有價值的，我可是花了不少錢在那上面啊，現在這個人卻在糟蹋它！」你將非常生氣，而你也的確會跟隨著那件被轉手了的物品。亡者的神識經常會被牽引到他們以前的財物之處，這也是為什麼在西藏，一個人死後不久，習俗上至少會將一部份他們所珍愛的財物拿去供養三寶的原因，這是為了要幫助亡者斬斷對生前物品的執著，並且避免因使用這些東西而讓亡者感到沮喪。同樣，在錫金有個很好的習俗，他們對新近過世的人都會以尊敬的用語，即使對遺體或屍體也都是用敬語的，這是為避免讓中陰的亡者心生怨懟之故。

如果你沒有口訣可追隨，而且也不曾接受過如何來面對中陰的教導，你對中陰顯相的經驗就會如同夢境的經驗一般。你幾乎不可能知道這是怎麼一回事，就像在夢中，你差不多像是迷失了一樣。因為一般人或沒受過訓練的人，有相當一段時間不知道自己已經死了。他們會受到各種事物的顯相擺佈，他們相信那些事物是真實的，就好像作夢時不知道是在作夢一般。如果你不了解你所經歷到的、看到的和聽到的，你將完全被錯亂的顯相，與自己的驚慌失措所左右。因此，祈願文說，**「夢是道的掌握，願我**

熟練於夢境的修持。"

　　夢境修持是那洛六法以及類似法門的一部份，是訓練開展出能持續做清晰夢的能力。這是說作夢時，知道是在作夢，並且能轉化夢境，將不淨的顯相化為清淨相。所以會有清明睡夢修持的存在，主要是因為它可以做為中陰這一階段最好的準備。若你在睡眠時不知自己在作夢，那麼當你死時，你就不會知道自己已經死了。為了要認知自己已經死亡，並且是在中陰，你就必須要能夠認知你在作夢，在睡覺。要轉化中陰這階段的顯相——這是此時主要的方法——你必須同樣能夠轉化夢境的顯相。

　　對平常清醒時的境相，你必需具備某種適當的態度。因為若要獲得掌控夢境的技巧，則在對待日常的境相時，你就必須要有相當的能力。基本上，這必須要經常的練習，看待日間清醒狀態的一切顯相如幻如化，猶如魔術虛幻一般。你必須不斷強化，並且維持這樣的態度，直到**顯空**的想法確實成為自己的親驗之境。而且當顯相自然且清晰地示現時，不需再加思索即知它們是非實存的。視顯相如虛幻的態度，必須在清醒狀態下不斷地提醒自己，直到不需要概念性的加強，並且也不再需要提醒自己事物雖然顯現卻是空性。當你培養出持續的覺性與定解時，它不再是你告訴自己的一些事情而已，它就是事實。你確信顯而空，而它們確實也是那麼樣地示現。如是，你祈願："願我達到智慧之境。"

此處的智慧特別是指視顯相為**顯空合**一的心境。達到那樣的心境是掌握夢境的先決條件，最終能夠掌握中陰時的境界。是什麼阻礙了我們，使我們無法做到呢？在醒時，在夢中，以及最重要的在中陰時，妨礙覺性開展的主要障礙是什麼呢？那就是三**賊** *(three thieves)*，它們剝奪了我們解脫的機會，出離輪迴的機會！懷疑 *(doubt)* 是此三賊之首，在這裏它指的是疑問，譬如"顯相是空的嗎？或者不是呢？這是中陰了嗎？或者還不是呢？" "懷疑"會妨礙正念，減弱其強度，令其無法專注於斬斷顯有的幻象。"懷疑"使我們恆常不斷地在輪迴中流轉！"懷疑"使我們無法獲得脫離輪迴的動力！

第二賊是執著實有 *(fixation on reality)*，即執著顯相，認為顯相就真正如同其顯現一般。由於懷疑，執著真實或實有才會繼續，而且懷疑使我們無法停止不去執著。視顯相為實有的一切習性會一再地生起，引生煩惱等等。不論是在此生或是在死後的中陰，煩惱都會一再地生起，因為你認為這些顯相是真實的，而且也那樣地反應。

三賊的最後一項是不繫念 (mindlessness)。這指的是你嘗試著要牢記於心之事卻無法憶念。譬如，顯有的虛幻性，你身處中陰的事實等等。就因為不繫念，無法憶念，使我們迷失在汪洋中，無止盡地流轉。此處祈願，"願我能免於此剝奪我脫離輪迴並獲得解脫機會的三賊。"

接著，我們要討論在中陰第二階段能獲得解脫的方法，以及為什麼這階段被稱為"解脫的機會"。利用轉化意生身的顯相為本尊身的方法，你可以證得報身的解脫。這種方法要依賴生前的修習，因為它包括咒語或金剛乘的主要方法，可運用於死後的中陰期。這是所有法道中最甚深的，如果在前世曾修習過，並且能適當地運用，就能夠在此時帶來解脫。

這法道的細節包括：首先，將所有顯相——你意生身的顯相以及所有其他顯相——轉化為彩虹般的本尊金剛身。其次，將聽到的一切聲音，轉化為本尊的咒語——聲空一體的金剛音。這一點很重要，尤其在中陰的這個階段，有許多恐怖駭人的聲音，彷彿同時聽到億萬個雷鳴的巨大響聲。這些聲音令人膽顫心驚，你需要有個方法來改變你對聲音的觀念。第三點，將你的感知力以及心本身的經驗，轉化為金剛心——那是樂空不二的心識。

此處的祈願是要訓練對咒語的嫻熟，並且在中陰時，能有機會運用這三個要點，也就是構成最深奧法道主要特徵的三個要點。如果能運用這些，就能轉化中陰有情的意生身。如我們所見的，這意生身是由前一世的命氣，以及微細心或稱一切種識（阿賴耶識）所組成的。換句話說，純由**心氣** *(wind-mind)* 組成的意生身，經由中陰眾生對此的認知，而轉化為本尊形相的幻身。視自己為本尊幻身的行者，進而將心安住，沈浸於淨光中，以淨化意生身。當本尊形相的幻身，以淨光之火清淨後，它就成為殊勝雙運身，具備了最好的各面向。"最好的各面向"其意思是，空性同時也是大樂。此處殊勝雙運幻化身指的是與淨光無別的幻身。以另一方式來說，這是本尊相與本尊智慧結合無別的本尊身。因此，在這階段，最後的祈願是，"**願我能在中陰的第二階段或主要階段，成就圓滿報身。**"

最後階段：趣向投生

　　在中陰的第二階段，我們看到有機會能將自己的意生身轉化為自己本尊的報身來獲得解脫。顯然，這是要靠前一世精勤的修持，並且曾接受過口訣。大部份來到中陰第二階段的有情眾生，沒有得到解脫，這是因為他們不曾做過任何準備，或甚至不曾接受過任何教導他們如何做的口訣。如果在中陰的第二階段沒有得到解脫，第三階段就會開始。

　　中陰第二階段與第三階段的差異是，當你前一世的習性已大為減弱，並且開始認下一世的身形為自己時，就是第三階段的開始。結果，你開始尋找一個身體和處所去投生，而且你感到非常地迷失。中陰第三階段的特質是，你發狂似地在尋找出生地，而那也是第三階段的主要修持。你要試著避開習慣性、強迫性的投生，避開那種受制於業力的驅使與衝動而投入的出生處。

　　此時，你不僅失去了前一世的身形，而且前一世的習性也大為減弱，你感到非常容易受傷害。你覺得像是一個找不到旅舍或地方安頓的旅人，另一個更令人感受到迫切的比喻是，你像一位戰士，在戰役中從馬背上墜落，正試著再躍上馬，或甚至想躍上任何一匹馬般，那就是中陰這一刻你所感受到的急迫性。因此也就是此刻，你特別容易受制於強迫性的投生。這裏投生處所不一定是指某一地理區域，它指的是識的容器。如果你要入胎於子宮內的話，它可以是子宮，但是這要依投生的類別而定。

當你開始尋找投生處所時，有些徵兆可以顯示你是朝向哪一類的投生。那些將投生天道的眾生，在開始尋找投生處時，會發現自己在天道中，並且為之吸引。他們見到了財富與奢華，心生歡喜，想留在那裏。他們的遺體也會有些跡象，如果一個人要投生天道，遺體看來都很好。有相當好的容顏，人們也不覺得那屍體特別令人厭惡。雙眼不會瞪目瞪大，而是半眯著眼。屍體也可能有某種程度的好氣味。並且因為天人、天女的圍繞，天空可能會有彩虹，花雨等等。這一切並不表示那人已得證悟或解脫，這種情況只表示他們投生上三道去了。而在中陰期間，當中陰有情朝向天道投生時，他們會看到天人、天女正在歡樂嬉戲，並且他們會想，"我要去那裏。"事實上，是他們對天人活動的執著，構成了投生天道的近因。眾生由於業力，而投生為天人，但真正驅使他們投入天道的近因，是他們被天道吸引了。

上三道中的第二類是阿修羅道，或稱善忌的天道。阿修羅與天人類似，但較暴戾，具攻擊性。因此，將投生阿修羅道的眾生，其經驗一般說來，與投生天道的經驗類似。阿修羅道更為驕傲，更具侵略性。中陰有情見到的不是天人的嬉戲享樂，而是阿修羅戰士們披戴盔甲，執持銳利的武器，互相廝殺。阿修羅的戰役是快速，持續不斷，而且激烈的，就像連續不停的閃電一般。當天人看到天道時，會生起執著或貪欲；而阿修羅則會生起一股驕傲的瞋恨，他們會想，"我必需要加入那場戰役。"那是另一種形式的執著，是對戰爭與衝突的執著，也是驅使他們投生此道的近因。

　　上三道的第三種是人道。投生人道的中陰有情是被人道的境遇與環境——例如人類的興隆與歡樂——所吸引。特別的是，據說他們是見到未來父母的交合。見到那景象時，會對不同性別的父母生起強烈的貪欲，而對同一性別的雙親則產生強烈的憎恨與忌妒。就是這種愛憎交雜驅使他們入胎，在人道這就是進入子宮。這種愛憎交雜的結果，中陰眾生的識，從父親的五官之一進入他的體內。然後，識與父親的精子一起，在子宮內與母親的卵結合。在那刻，人孕育了，而識也就被鎖住了。

下三道的第一種是畜生道。通常畜生是十分癡迷的。它們幾乎是由直覺、原始的本能反應，也是執著與瞋恨交雜，強制性的投生。根據投生畜生道的類別，而有投胎入子宮的胎生，或卵生等等。畜生道與人道類似，但卻粗劣多了，性情粗暴，癡迷也更加強烈。

　　餓鬼是下三道的第二種，是特別悽慘可憐的動物。它們是低等、原始、或未進化的物種，通常不是因為執著而投生於此。中陰眾生不會因為看到餓鬼道或某類微生命時心中想著，"我真想去那裏啊！"不是這樣的！驅使你投生於此的是你的業力，但近因是你在逃避某些其他的事情。因為你對某些事情非常害怕，而選擇庇護，結果便投入了餓鬼道。你可能是在逃避驚濤駭浪的海洋，或森林大火，山崩地裂，或地震等等。或許你是在躲避整座山的崩塌，或劫後可粉碎星球的狂風，或是要逃離戰爭時恐怖眾生的吶喊。你可能是看到各類惡魔，譬如夜叉或兇暴的肉食獸，甚至你可能是被旋風捲入而投生於此。

　　簡言之，如果你將投生餓鬼道，或更低劣的動物，那是因為你在逃避某些事物之故。你企圖逃得愈遠愈好，因此你很自然地逃到那些看來像是密閉、狹窄、陰暗的空間。你在尋找庇護所，譬如山洞、地下洞穴，中空的樹幹、牆或建築物內的洞、或是濃密樹葉間的空隙等處。簡言之，你躲進一個昏黑、黯淡的空間。由於你懼怕某些事情，害怕暴露在空曠處，因此你渴望黑暗的空間做為庇護地。就是這樣的態度，迫使你投生為餓鬼或低等動物。

下三道的第三類是地獄道。由於有許多不同的地獄，驅使一個人投生地獄道的真正情況可能很不相同。投生地獄道的近因的一個例子可能是，你看到一處景色宜人的森林或山野，有著許多野獸在活動，並且看見似乎有獵人正在獵捕那些動物。你被捕獵的行動吸引，想著，"我必須去那裏，我想參加那場狩獵，也捕捉一些獵物。"那個念頭就會把你拽入那情境中。但是，只要你一被鎖入那情景，整個景象將會改變。那些被追捕的動物，並且可能包括那些獵人，都將變為魔眾，閻羅的獄卒，他們會攫住你，拘禁你，並將你打入地獄。他們會開始他們份內的工作——宰殺你，將你切成碎片，以及做些地獄內會發生的種種事情。

投生地獄的一些眾生，在中陰時期甚至不會經歷那麼多前面所敘述的情景。尤其是生前作惡多端的人，甚至當他們還活著時，在臨終前可能就見到閻王獄卒的出現，而在極度恐懼中死去。一般說來，投生地獄道的這類人，其屍體都會讓人感到莫名奇妙的害怕，人們只要看到那屍體，就會被嚇壞。他們的屍體確實令人很不舒服，不僅是可怕，而且還很令人厭惡。

有時候，將投生地獄的人，在臨終消融過程全部結束之前，就會失去意識。由於臨死的痛苦，他們會昏厥或失去意識，毫無知覺的度過消融的過程。然後，當他們甦醒時，並不知道自己已經死亡。當然他們的第一個念頭是，"我的身體在哪兒？身體怎麼了？"在某些情況下，一旦他們了解已形成了意生身時，就會知道這個中陰身與他們以前的五蘊身並不相同。在這種特殊情況下，他們會感受到他們的意生身是圓形，球狀的一團。那是個球體，上方有隻眼睛，就像有隻眼睛的球一般，並且似乎是被颶風吹向上方。它像氣球般地被往上吹得很高，然後風停了，它便落下來，墜落在火紅炙熱的鐵上。當它落下撞到炙鐵時，球體如奶油般地破裂熔化，剎那間又形成地獄眾生恐怖的身體。

地獄眾生有著敏感但極端恐怖的身體。一旦形成了地獄身，就立刻被那特殊地獄的差役拘拿，並以各種方法折磨、殺戮。很多投生地獄道或餓鬼的眾生，但並非全部，似乎都經驗到被閻羅王的差役捕捉審判。他們從前做過的每一件事都被提出，受到閻羅王審判，然後在極度驚恐的狀況下，被帶去投生到下一世。這種情形並非一成不變，並非每一位投生地獄道或畜生道的眾生都經歷這些，但這的確發生在某些人身上。

如果你將投生於炙熱地獄，投生的另一近因是，在中陰時你開始感受到強烈的酷寒。你從酷寒中逃離，心想："我實在想去個溫暖的地方。"你心識能找到最溫暖的地方，就是即將投生的炙熱地獄。於是，你就生在那兒了，而那裡實在是太熱了！另一方面，如果你將生於寒冰地獄，相反的情況就會發生。在中陰時你開始感受到極度的熾熱，你為了逃避熾熱而投生入寒冰地獄。就像這樣，甚至是在地獄道，眾生有時因為想拒絕某一事物，而選擇代替它的另一事物。由此產生了某種渴望，而導致投生其中。

一般說來，投生的近因是依據四種軀體投生方式之一：化生、濕煖生、卵生或胎生。最好的化生，是生在極樂淨土的蓮花上。但一般來說，選擇化生而沒有產生身體的近因，是對處所的執著。濕煖生的產生通常是眾生對香與味的執著，而投入此類出生。胎生或卵生的眾生，一般來說，是對其未來父母的交合產生執著，而投生其中。無論如何，在中陰期間生起的各種迷惑現象與迷惑形相，造成你對某一投生形式的執著，從而投生其中。如此，一生又一生的輪子就不停地轉動，從不曾停止過，因爲每一次我們死亡時，就發現自己又被強迫去執著，而以某一方式再投生。所有這些情況描述了中陰第三階段的經驗。

聽聞下三道的痛苦，已經令我們驚懼萬分。僅僅聽聞那些情形就如此地令人心生怖畏，想一想，若是你親身經歷的話，那不知道會是多悽慘啊！這些狀況絕對是可能發生的。我們任何人或者其他的眾生，都有可能投生下三道。大家都知道，有生必有死，因此，我們必定會進入中陰。由於那是必然的，因此，我們必須預做準備。就如同夏天時，我們知道多天一定會到來，而爲之勤快地預作準備一般。大部份的人不曾接觸佛法，他們無法爲中陰做準備，他們不了解或無從準備起。但是，我們擁有可做準備的最好的方法——無以倫比的金剛乘佛法，尤其是噶瑪噶舉的教法，那是所有佛法傳統中，最殊勝的傳承之一。

爲什麼我說噶瑪噶舉是殊勝的傳承呢？那與佛陀教法的時期階段有著密切的關連。每一尊佛的教法可以分爲果熟的時期與種因的時期。例如，那些與賢劫第三佛——迦葉佛——結過法緣的人，在現在佛——釋迦牟尼佛——傳法的初期證得了佛果。在許多情況下，由於他們從前與佛法結了緣，僅是聽聞釋迦牟尼佛親授的教法後，就證得阿羅漢果。而在釋迦牟尼佛末法時期進入佛法修行的我們，就是種因的時期，也就是說，以此法緣我們將會在未來佛——彌勒佛——傳法的時期證得果位。噶瑪噶舉傳承中尊貴的大司徒仁波切就是彌勒佛的化身。因此，了解我們與此傳承的善緣是非常重要的。因為這個善緣能使我們在佛法上的修行更快速、且更有力，我們將能夠在彌勒佛傳法的時期證得覺醒。同時不要忘記，彌勒佛之後，賢劫的第六佛——獅子吼佛——就是現在的嘉華噶瑪巴。因此你與嘉華噶瑪巴和大司徒仁波切所結的法緣，是所有傳承中最殊勝的，並且是所有法道中最快速的。尤其要記住，人身無常，我們遲早都會死亡，因此我們必須發願，謹慎、確保不會投生惡道。

接下來，法本集中在如何避免負面投生的方法上。最首要的教法是依靠對治，也就是對於任何一種顯相，我們通常會有的反應的對治。顯相可能是在中陰期間你看到或經驗到的任何事情。不論是愉悅而吸引人的，或是令人不歡喜且恐懼的。當然，要依靠這類對治法，你必須已經調伏了自己的心。在中陰的這一刻，為了能有任何資源，對各種不同的事情以及對那些事情的反應，你必須自己已經訓練好，擁有不同的對治方法。在那些狀況下，對任何發生或可能發生的事情，你必須具有足夠的能力，調伏自己的心，並且能掌控情勢。此處的祈願文是，"**願我於此時不離我所受的任何瑜伽修持。**"

此時，如同中陰的前二階段，主要還是要依靠你自己修持的程度，以及你能將這修持帶到死亡後之境界的能力。在此刻，如同先前，你將運用任何一種你曾接受過的主要修持。你的修持可能是大手印，或大圓滿，或大中觀，或者是無緣大悲的修持，這些方法的任何一種，都可以使用在中陰的這一階段。

其他還有些特殊的方法，也可以有助益。這包括那洛六法中的四主要根本。第一是"伽達力"*(practice of chandali)* 的修持，稱之爲"自燃的煖樂"*(self-blazing of bliss and warmth)*（中譯註：習稱"拙火"）。其次是"幻身的修持"*(practice of illusory body)*，學習觀修一切顯相和一切存在事物爲虛幻，如此，能夠使世間八法自然解脫。第三是"夢的教授"*(instructions on dream)*，將夢境的迷惑在夢中清淨。最後是關於"淨光的修持"*(practice of clear light)*，那彷彿是在暗室中點燃一盞燈般。一般說來，醒時以及沉睡狀態的各種迷惑與種種無明，都可以經由這些特殊的修持得到清淨。在中陰時，也可以使用這些方法。

你可以運用任何其他的修持，或者結合你所受過的各種修行訓練。舉例說，如果你對生起次第，即本尊的觀想，有穩固的修持，在此時你就可以運用觀自身為本尊，以及認知一切顯相為本尊的技巧。也就是說，你不僅將顯相轉化為本尊，而且也能夠在其他顯相出現時，認知為本尊。通常，中陰眾生確實可以見到真正本尊的顯現，但是有些是忿怒本尊，而如我們之前所敘述的，所有的本尊都具有令人驚懼怖畏的刺眼光芒。如果被這些顯相嚇住了，你就認不出他們是本尊，是皈依處。你會逃離，避開他們。曾經精進修持生起次第的人，也許可以認知是本尊，而將中陰的經驗轉化為本尊，以及本尊一切特徵之顯現——譬如執持法器和咒音等等。

　　如果，你修持上師相應法，培養出了虔敬心，此時，你應該主修上師相應法。觀想你的上師在你頭頂上，一心向上師祈請，求能往生淨土，這樣即使在中陰的第三階段，你也可以成功地投生到完全清淨的佛土。這並不是上師偏愛那些向他祈請的人，甚於沒向他祈請的人。具格上師對一切眾生有平等的慈悲心，全無偏私。但是一個人的虔敬祈請，是上師引導他們進入淨土所必須的。因此在中陰的這個當下，修持上師相應法的行者應利用此法門，並可藉此方法達成解脫。

此處有一個重要的因素，就是你持守的戒律。譬如，生前持戒清淨的僧侶，就能引生持戒的功德與力量。這種功德的動能得以抗拒譬如貪愛等的煩惱，而那類煩惱是構成投生的近因。迴向持戒的功德，以求往生淨土，你就可以達成投生淨土的願望。在此刻，不論你使用任何技巧，都可以再運用另一項能力，也就是高度的正念與警覺的力量。這是不論你使用那一種法門，都可以加以引用的。因為在此時，你必須努力關閉投生不淨道之門。

在中陰的第三階段，你所想達成的是完全避開輪迴投生，而往生淨土，因此你可運用上述的任何方法。然而，如果受制於強烈的業力，無法不投生於輪迴中的話，那麼，你下一步是要選擇較好而非惡劣的投生。你要選的是有機會能夠繼續金剛乘的修習，並趣向覺醒的投生。因此，你要選擇投生為人，圓具六大種之身。尤其是希望在下一世，你還能獲得人身，能接觸佛法，並且圓滿金剛乘殊勝道的修行。此處的祈願是，**"願我安立殊勝緣起，以持續此道上的修持。"**

為了選擇適當的投生，要令此時的投生成為有意識的化身。也就是說，你必須清楚覺知地選擇投生來達成化身，而不是如前所描述的，受業力牽制的投生。你發願接受最有利益的投生——

對他人最有利益，同時對你自己能圓滿道上修行最有利益的投生。你可以選擇家庭、以及性別、種族、國家、社會環境等等，任何你想要的，任何你決定的，都會是最好的。你可以選擇生為男或女；你可以選擇生於某地或另一地。這裏的重點是，你具有選擇的能力。並且為了有效運用這能力，你必須在入胎、孕育、和出生的過程中，運用正念與警覺的力量。如果你能這麼做，你將不會陷於通常胎兒所經歷的癡迷與昏亂。此處的祈願是，經由運用第三灌頂的智慧，在入胎、孕育、與出生三重過程中，保持正念與警覺。你祈願得到的投生是能使你在下一世幸福，並且由於能利用你的人生來修習佛法，而獲致更深一層的幸福。

因為你祈願能以最有利益的形式投生，因此通常會以投生淨土為第一選擇。在那種形況下，從此你會不斷地從一淨土投生到另一淨土，除非你有特殊的理由而不如此做。你可能是由於慈悲而願生於不淨道，如現在這個人道。無論如何，在你得到較高層次的證悟時，你將能以化身出現於淨土與不淨道。簡言之，你的祈願是，最終你能在淨土與不淨道，以無數的化身來圓成所有形式的佛事。

現在，法本總結前面所敘述的一切。它提到從現在起，你將時時發願，爲中陰作準備而思惟：「在發生這種情況時，我將會這麼做；而發生那種境況，我會那麼做。」這並不僅是偶而想想，而是要以覺知、專注心識的方式來思惟。那麼，你就能有備無患。只要善緣機會一出現，你就能夠很適切地回應那些境況。因此，法本總結，「願我能純熟於中陰各階段的變遷。」

　　這種方式的訓練，在於不斷強烈地發下深願。無論是對治清醒時、睡夢中、或是中陰的迷惑，都是可以適用的。譬如，夢境的訓練，最主要的因素是，首先在睡前要生起高度的願力。這祈願可以是，「當我作夢時，我將認知我正在作夢。一旦認知是夢，不論夢見什麼，我都不會懼怕。我可以隨意轉變夢境，我可以將一樣事物轉化爲千百樣（例如，我的身體化爲一百個身體），我可以將負面事情轉爲正面情境。」

　　認知夢境，並且轉變夢境的這種祈願，使你具有能力可以眞正做到。這是因爲祈願本身如果具有強烈的動機，則將會成爲成功的主要動力。中陰也是一樣，中陰的準備，大部分包括學習知道將會發生的狀況，牢記在心，並且當每一階段開始時，都能自覺地，不斷地以適當的對策來對治。

請將接受此教法的功德，以及你與一切有情過去、現在、未來所積聚的一切善德，迴向每位眾生，都能認知中陰現起時的各種經驗。迴向每位眾生，都能以適當的正念與警覺，來回應這些經驗，從而投生淨土，獲得解脫。願所有已獲解脫者，能不懈地救度眾生，直到一切六道眾生無有剩餘，皆能獲得圓滿的覺醒。

問 答

學生：仁波切，如果是金剛乘的初學者，可能在身、語、意的訓練上都未能穩固，我們應如何爲死亡的時刻做準備呢？

　　仁波切：要爲死亡及死後中陰作準備，你是有幾件事情可以做：這包括積聚功德、淨除障礙、盡力長養對他人的慈悲心、以及研讀《中陰聞即解脫》一書。經常思惟中陰時可能發生的事情，想像在中陰時你將會經歷的事情，以做準備。也可以觀修寂靜尊與忿怒尊，並持誦他們的咒語。那樣的觀修，應該包括加強認知這些本尊是本俱的，是你自己的一部分。在中陰時，雖然他們顯現在你的外面，但他們與你並非是分離的。尤其重要的是要將任何修法的功德，迴向自己與他人均能往生極樂淨土，阿彌陀佛的淨土，因爲那是所有佛淨土中最殊勝的。它的特質最殊勝，任何人只要發願往生，也是最容易往生於此的。如此，你可以確信，即使在死亡時刻你無法證得法身解脫，你也可以得到報身或化身的解脫。

學生：仁波切，您提到在死亡過程的某一時刻將神識遷出身體，是否請您再多講解一下，是在什麼時刻做這件事，它的意義是什麼呢？

仁波切：遷識（破瓦）指的是將亡者的神識，從其身體引出去的一種控制導引的修法。特別是引導亡者的神識，由其頭頂的梵穴出去。這樣做的利益是，即使亡者生前作惡多端，但是如果神識能從他的頭頂出去，那麼他至少還可以投生得到寶貴人身。如果他們是修行者，就很有機會能投生淨土，這種修法很重要且有大利益。

一般說來，有二種方法可以達成遷識。一種是亡者為自己修，另一種是由他人協助替亡者修。為自己修遷識，你必須接受過教授，然後精勤修習，直到掌握這種能力的徵兆生起。遷識的法門有許多種，但最方便，適合一般用途的是阿彌陀佛法的遷識。在修持這法門直到有能力遷識時，就會有一些肉體的徵兆出現，特別是頭頂梵穴作癢，或有疼痛不適的感覺，並且可能有些潰破，或滲出了點液體，例如淋巴液及血。之後，當他們完全確定自己即將死亡，就能夠成功地修持遷識法。例外的是，雖然臨終的人曾受過遷識法的訓練，但可能他們身體的機能低弱，譬如他們的心可能因藥物或疾病而變得遲鈍，或者他們可能太害怕死亡而忘記修此法。在這些情況下，是需要他人協助的。

　　幫助別人修遷識者，自己必須曾修持過此法，並獲得了具此能力的徵兆。唯有如此，他們才有能力為他人修此法。無論如何，他們必須在關鍵時刻為亡者修遷識。在那時刻到來之前，是絕對不可以修的。如果在正確的時間修遷識，是有大利益的，尤其當修法的對象本身也是修行者的話。如果亡者曾受過遷識的訓練，其利益是絕對可以確定的，而且這利益遠超過施行於一般凡人。除非肯定死亡過程已經無法逆轉，否則絕對不可以修遷識，這一點非常重要。假使在還有希望復甦或存活時就修了遷識，如果是為自己修，那就是自殺；如果是為他人修，那就是謀殺。

　　學　生：您談到識離開身體之後，在中陰的亡者會有某種想法與幻覺。譬如，他看到自己有著以前的身體，以及看到自己是來生的身形。當識離開身體時，是那一部份實際上會有感知呢？

　　仁波切：人就是識，而不是身體。

　　學　生：目前我正在照顧一位老婦人，她經驗到許多幻相及錯亂的感受。當您描述中陰一些恐怖駭人的經驗，使我想起她經歷的一些事情。我不知道是否中陰的一些情況已進入到垂死的過程？還有，仁波切您是否可建議一下我能為她做些什麼事？

仁波切：她並未經驗到中陰的階段。她所經驗的幻相是因腦部惡化而引起的情形。因為這種情況包括腦內氣脈等的惡化，使得與她溝通，以及有效率地幫助她，變得十分困難。很難確切地知道你究竟能如何做，但她是尚未經驗到中陰的。

學生：仁波切，在什麼時刻我們會知道那是可以幫別人修遷識的時間，要如何知道呢？

仁波切：能夠修遷識的正確時間是當呼吸停止了，而通常的標準是觀察頸部的脈搏是否停止了。在頸部的脈搏停止後，你就可以修遷識。在那之前，你應該準備前行法，持誦佛名號，以及與之有關的各種儀軌修法，使亡者能接受指引。

學生：為什麼從頭頂梵穴遷識出去比較有利益？如何決定這一點？為什麼是上方的竅孔，而不是其他的部份呢？

仁波切：一個人的識，通常不會由上方梵穴出去。它通常由感官之一，或下方密處出去。識會自然地從頭頂上方之梵穴出去的唯一情況是，如果他們具有非常特殊的功德或善業。或者他們對遷識法有某種程度的熟悉，否則基本上是不會從那兒出去的。識由身體的那個方向離開，它的理由是因為那是往生淨土的道路。一個人的識多半是從身體下方出去，而那幾乎一定是投生下三道的跡象。

學生：我的堂姊上星期過世了，她與我家人很親近，幾乎像是我們的姊姊般。但她不曾修習過這些教法，更不曾接觸過佛法。現在她處於中陰，我為她點了四十九日的燈。對沒有接觸過這些教法或結過法緣的她，或任何中陰眾生，我要如何幫助呢？

仁波切：在這種情況，像你對亡者具有真誠的慈悲心，想要幫忙他們，儘管他們生前與佛法並無因緣，也是真正能對亡者有幫助的。尤其是當你將自己的功德善業迴向給他們時。有許多這樣的例子。譬如說，如果你在剛死去的動物耳邊唸誦佛號，或某些咒語，就可以令它免於轉生惡道。當然，那動物生前自然不曾與佛法有任何因緣，但至少它是可以得到這樣的利益。

學生：陪在剛過世的人旁邊，我們應該修什麼法比較適當呢？剛才您建議我們可以持誦本尊的名號及咒語。在那時是否有其他適合的事情是我們可以做的？

仁波切：你能做的，基本上要根據你自己認識的程度。最低限度，你當然可以持誦咒語及佛號等等。若以一種對亡者慈悲的態度來做的話，確實是能幫助到他們的。對臨終的人，這種精神上的協助是最重要的。在那之前，你主要的任務是讓他們能感到舒適，但是他們總會到了舒適不再是重點的關鍵時刻。

　　學生：仁波切，大約十二年前 我曾到醫院探望一個患有愛滋病的朋友。那時，他請我與他一起打坐，我答應了。我帶著他做了很簡短的禪坐，我用了個方法，幫助他放鬆。因為我知道，他對自己罹患愛滋病感到非常憤怒。我並不認為他那時就會死去。但是在我與他一起禪修後，他閉上眼睛。我走了開，但仍留意看著他。大概不到五分鐘，我注意到他不再呼吸了，因此我立刻走上前去。我聽說過《西藏生死書》，但所知不多。不知該說些什麼，所以我就輕聲對他說，"彼得，沒有關係，不要害怕，不要害怕，沒有問題的。"我那樣做了大約五分鐘後，他們喚了護士進來，他已經死了。對那件事我一直覺得還可以。事實上，我覺得很幸運，當他死時，我正好在那裏。不知如何，我就這麼覺得，我從不知道自己會那樣做。

　　我想到自己，因為我的年紀也大了，而修行只是普普通通。我不是個很優秀的修行者，但佛法一直在我心中，我一直盡力去做，有時不錯，有時不好，就會懊惱。現在我自己也面臨著死亡，我可以想像，如果我修的好，我就可以較有信心面對死亡，應該還不錯的死亡，並且我知道，那的確是如此的。

仁波切：就你第一點來回答，你給予你朋友的協助，是完全利益他，關愛他的。因此，那是很有助益的。尤其你向他傳達了確信，而且消除他的恐懼，的確對他在死後的中陰會有幫助。我無法擔保他能得到解脫，但我能告訴你，你讓他在中陰開始時，較不害怕。你製造了較大的機會，讓他在中陰時會好一些。

關於你的第二點，我的年紀比你更大得多，所以我更是要擔憂。因此，這也是我更關心的，我會告訴你我真正的想法。要面對死亡，唯一最好的準備是持誦咒語「嗡嘛尼貝美吽」。如果你發願，「我要持誦一億遍「嗡嘛尼貝美吽」的咒語。」不論在你這一生，從你發願的那一天起直到死亡，是否完成了誓願，對你的影響都很大，都有極大的利益。至於所要觀修的，你應時時觀想阿彌陀佛，或觀世音菩薩，在你頭頂上，那一位都可以。只要想著本尊是所有皈依處的化現，尤其是你所有上師的化現。日夜不間斷地觀想，他們就在那兒，在你頭頂上方。並且決心在死亡時，你的神識將向上融入到他們。你所觀修的是你的上師，化現為阿彌陀佛或觀世音菩薩在你頭的上方，而你所持誦的是「嗡嘛尼貝美吽"咒語，那就是最好的準備。

學生：仁波切，我擔心在死亡時，由於藥物或疾病，可能使精神功能衰損，如果是那樣的話，做什麼是最好的呢？如果一個人的功能因昏迷而非常低弱，在死亡時，完全不能做任何修持，更別說若是在死亡前就昏迷了十年，或十五年。如果他們的精神功能如此受損，做什麼是最好的呢？在他們死時，是否有希望能改善他們的境況呢？或者，在死亡時，也只能完全隨業了，彷彿在生前，他們從未修行過一般呢？

仁波切：如果你在死亡時刻昏迷了，或功能受損，絕不會因此而抹滅了你以前修持的利益。就像你問題所說的，因為昏迷了，你很難能及時修法，或修持以前學過的法。那些昏迷或功能微弱的人，在死亡時，如果能有喇嘛在旁邊，那麼喇嘛就可以與他們溝通。當死亡消融的過程達到亡者的神識雖仍留在身體內，但就生理而言已不復住留於內時，他們的神識就與導致功能受損的身體分開了。

通常昏迷或無意識的狀態，或功能低弱的狀態，都是由身體狀況所造成。例如，腦部受損，或藥物阻斷腦的功能。一旦身體功能停止了，神識有一種警覺性，它就從這些生理狀況獨立出來。因此在那時，人就會有知覺，雖然生理跡象不會明顯。在那時，喇嘛就可以修遷識，也可以與那人溝通，指導他們，而他們也會了解的。

　　也有可能當神識與肉體分離時，人會變得有知覺。但是你不能依賴此現象，因為也有可能會有其他的習性產生干擾，而使亡者以前修行的習慣無法再持續。因此，在那些狀況下，最可靠的方法，還是能有喇嘛在旁協助。

　　學生：仁波切，您先前提到遷識由梵穴出去時，有時候會出現一些身體的徵兆。是否神識由身體的任一孔竅出去時，都一定會有身體的徵兆出現？由其他竅門出去時，是如何發生的？

　　仁波切：身體的徵象，例如滲出淋巴液與血等，這並不是神識遷出的徵兆。那些徵兆是表示一個人已經掌握了遷識的能力。當神識確實被遷出時，不論是從梵穴，或從任何其他的竅門出去，並不會有那類腫脹或徵兆的。

　　學生：仁波切，有些不同宗教信仰的人，對他們的宗教有非常強烈的概念。我聽說如果持誦他們陌生的佛號，他們會非常驚恐。因為他們對其他宗教很害怕，這要如何辦呢？

仁波切：是的，你所說的非常正確。在那種情況，你必須安靜地做任何對他們有益的事情。譬如，對他們生起慈悲心，並且靜默地觀修。如果你在一位虔信其他宗教的人之前，持誦佛號或咒語，至少他們會覺得無所適從，甚至感到被欺騙了。他們會認為，"這些人否定了我的信仰或救主，卻去求助於其他。"那將惹惱了他們，因此，你必須保持安靜。

　　學生：仁波切，談到我自己的死亡，如果面對痛苦，我知道最好是不要使用藥物，才能保持清楚。當我要死時，是否最好能坐起來，維持打坐的姿勢呢？我也很好奇，到底應該左側臥或者右側臥，以準備死亡。

　　仁波切：關於使用止痛藥，若某些人的修行很得力，因此在臨終的過程，藉著保持清醒的心識就能獲得解脫的話，那麼，他們就應該避免使用會過度令他們機能遲緩的止痛藥。否則，若他們的修行並不特別有力，那最好是接受能減輕痛苦的任何藥物。至於死時身體的姿勢，當然，死亡時能筆直坐著是最殊勝的。但是絕大部份的人，都無法那樣做。因為畢竟他們是趣入死亡，因此，能夠右側臥，像佛陀入滅時的姿勢比較好。

學生：當紅、白明點與命氣，匯集到心間，那是不可逆轉的程序嗎？或者，一個瀕死的人可能會經驗到這些事情，他們的生命功能似乎停止了，但是後來又復甦了呢？

　　仁波切：除非一個人已到了不可逆轉的階段，也就是第三階段的"得"，否則這完整的程序——由命氣主宰運行的所有氣都消失了，而且紅、白明點各自上升及下降匯合在心間——是不會發生的。在那之前，消融的前二階段，白顯與紅增，僅是命氣的衰損，可能會有些變動，但並非完整的程序。直到那時，都還有可能逆轉。換句話說，前二階段確實會發生在瀕死的經驗，但是第三階段並不會發生。

　　學生：您可以再詳細說明一下那一點，以及正當那發生之前的階段嗎？紅、白明點是在什麼時候會合？您提到應在此生修行，以期認知基光明，而在基光明出現時，就能認出它。如果錯過了，是否在那刻就進入中陰的第二階段？

　　仁波切：在此生對基光明認知的準備，通常並不包括去模擬消融的程序。而是要生起一種等持狀態，將心沉浸在所謂的"道光明"*(the path clear light)* 中。這種等持狀態，不一定與消融的程序有關聯。中陰第一階段與第二階段的分界點，也就是整個臨終與死亡過程的分界點就是基光明的顯現。基光明是消融的第四步驟或階段，或者說第四瞬間，那是死亡的真正時刻。如果沒有認出的話，那麼亡者就進入到我們所稱的中陰本身了。

學生：關於命氣在中脈的升降，我一直以為中脈在我們身體的正中央。我們知道心臟偏在身體的一邊，所以當我們談到心間，是否指在中脈內，與心臟同一高度的位置，但在身體的中央？

仁波切：它指的是中脈內，與心臟同樣高度的位置。

學生：我聽說四十九天是一般投生過程所需的時間，但這很難確定。技術上，應從什麼時候開始算起，是從人死的那一天算起嗎？其次，您比擬為法身、報身和化身的大部份事情，通常都在四十九日那段期間發生的嗎？

仁波切：先回答你的第一個問題，可能會讓人更加混淆，計算四十九日的方法有兩種。一種方式是假如你今天死了，明天太陽升起時便是第一天。另一種方式是依據亡者在死後中陰的前三天，其神識時有時無的事實。這種方式應扣去前三天，而從死後的第四天，太陽上升時算起。如果你在明天太陽升起時開始計算，你可以叫最先的幾天爲 A、B 和 C，然後，再下一日作爲四十九日的第一天。

關於這期間應以何種方式來計算，主要是依據個人所發生的情形，這並沒有太多不同的意見。假設沒有認出基光明，有些人就昏迷過去，但神識仍停留在身體內。他們會昏迷二、三天，然後神識才離開身體。對這類人，扣除三天來計算比較好。

另外有些人氣脈稍有不同，他們也沒能認出基光明，但在基光明消逝後，神識立刻離開身體。對這些人以第二天早上開始計算顯然好些。問題是，沒有明顯的方法來判別所發生的情形。因爲如前所述，雖然認知基光明的人會有徵兆。然而沒有認出基光明的人，並沒有眞正明顯的跡象，顯示其神識還停留在身體內，或已經離開了。那麼基本上，二種方式的任一種都可以隨意採用。

至於四十九日期間，與證得三身的機會有以下的關聯。證得法身解脫的機會是基光明。如果認出基光明，他們會停留在隨之而來的禪定中。通常是三天，但也可以更久些。他們屬於完全不一樣的類別，因爲他們不是在中陰。對沒有認出淨光（基光明）的中陰眾生，一旦沒有認知淨光，法身之窗的機會就消逝了。隨著基光明的消失結束，他們也將進入第二階段，也就是證得報身的機會。

　　報身之窗有兩重，在大部份噶舉傳承的說法，這兩重並不是連續的。不能標示為"報身之窗一"，及"報身之窗二"。很顯然，"窗"在此處並不是字面上的意義，但我想它是最好的用字。報身解脫的機會，第一重是任運自成的顯相 *(appearances of spontaneous presence)*，這是指智慧光的光芒，以及寂靜本尊和忿怒本尊。根據《中陰聞即解脫》一書，這部份可能持續好些天，書中對每一日所發生的事情，有精確的時間表。這些顯相會持續數星期，而顯相會逐漸變得粗劣，因此，解脫會愈來愈困難。同時有另一種解脫的機會。在這第二重報身之窗，行者可以將其意生身，以本尊相現起。在那種情況，他們以該本尊的形相獲得解脫。在噶舉傳承中，我們將這二種機會歸類為報身之窗。但是我們不認為第一重發生之後，才有第二重。這二者的機會，大致上是同時發生的。

　　化身成就的機會，從趣向投生時開始，主要在盡力阻止不好的投生，而能自己作抉擇。要精確地計算此期間持續的長短，就引出了四十九日的這個議題。四十九日的期間是通常認定中陰的平均期限，但絕不是任何一個人都會在中陰停留那麼久，或只有那麼久。一般說來，一個人在善、惡兩方向的業愈是強烈，就愈有可能很快地趣入投生。若廣積善德，幾乎將立刻往生淨土；如果作惡多端，就可能立刻投入下三道。

　　如果一個人的善業、惡業相當平均，那麼，業的推動力將較不清楚，投生也較不確定，他們或許會在中陰停留超過四十九日。不論一個人是否成功地進入下一世的出生地，化身的機會便結束了。"成功"，是指他們運用中陰的這一段期間達成化身。換句話說，藉著願力、持戒、與慈悲的力量，他們能自覺地選擇對自己與他人有益的投生，這是化身成就在此特別狀況的意義。而"不成功"，則表示無法自主的投生。二者任一，都是中陰的結束。

　　學生：仁波切，依您先前所說，我以為一個人的投生，主要取決於在中陰時，看到五種智慧光與五種輪迴光時所做的決定。但是，我總是聽說是業決定了投生。因此，你要如何協調這一點呢？是業力驅使你做這一選擇而非另一選擇嗎？

　　仁波切：這個問題突顯出中陰的主要意義。出生是由於業的完全成熟。換句話說，在受孕入胎時，你進入出生處，你被從前業行的結果鎖住了。一旦出生確定，你的業行成熟，就變為某一生命的五蘊身。對於這一點，你無能為力，你無法突然改變它。它可能因外來突發的狀況而改變，但是基本上，只要你存活在那生命中，你就被那些狀況限制，沒有選擇。

死亡的發生是因為驅使你進入某一生命與投生的業力耗盡了，但前一世的部份習性猶存，譬如你認為自己仍是前一世的身形等等。此時實際的業已殆盡了，而導致你下一生的業尚未成形。由於你神識中存在著一些不同類的業，因此尚無法確定你將選擇那一種投生。

就某種意義來說，當你在前後生之間的中陰時期，你是處在一個前後皆為業力鎖住的命運空窗期。在這空窗期，如果知道如何做，你就可以有所改變，有所抉擇。一旦入胎，鎖入下一世的生命中，就不可能這樣做了。那也是為什麼在中陰期，善心的力量是很驚人的，它確實可以帶來迅速和重大的改變。

學生：仁波切，遇到有人死亡時，可以怎麼做呢？我想到我的父母，我要如何保持平靜來修法呢？我擔心會太過悲傷，而無法有效地修法。我想過在他們其中一位過世後去閉關，為他人去閉關，是個好方法嗎？應該閉關多久，又該修持什麼法呢？

仁波切：當然，我們所愛的人過世，悲傷是在所難免的。

經歷這種事時，能做的最好事情是，思惟死亡是再自然不過的這一事實。每個人遲早都會死，不會永遠停留在這兒。如此思惟，你知道並接受與所愛的人分離與訣別，純粹是人生的事實。持續那樣的思惟方式，你應該深思，如同你所哀悼的人般，你一樣也會死去。以這樣的方式思惟，把可能會令人悲慟無措的情境，轉變為啟發之源。因為一個人修行的最好機會是比如像父母之一死亡時，這類事件會讓他們的心更清楚地感受到無常。因此你應該這樣想，"如果我現在不修行，我將浪費最好的可能機會。"

學生：仁波切，您能解釋一下嬰孩或兒童的死亡嗎？這如何適用於兒童呢？他們的生命才剛開始，也不曾接觸過佛法修行，能為他們做什麼呢？

仁波切：你能做的就是持誦咒語，例如"嗡嘛尼貝美吽"來利益他們，讓他們聽聞。或者將你所有其他善行，迴向給他們。如果你能夠，就為他們修遷識，你實在沒法做更多其他的事。

學生：仁波切，您先前提到禪修淨光，我不肯定那是什麼，可否請您解釋一下？另外，我常聽說必須接受無常。我想在西藏文化是比較習慣自在地談論無常，但在我們的文化中，可能除了過去十多年外，是無法談論死亡的。許多軍人的死亡，還有許多朋友患病而英年早逝，或許我們必須多注意這一點。現在是有了一些自由，能較容易地接受死亡是自然的想法，但是我不認為我們全都已達到那種地步，您是否能談談這一點呢？

仁波切：先回答你的第二個問題。誠如你所說，一般說來，人們活在否定死亡之中。我們逃避那個觀念，並且強烈地感到不舒服。但是對死亡的不安，正是思惟的出發點。不論你是西藏人、美國人、或其他民族，如果你能夠接受死亡的觀念，你可能會想，"噢！死亡就會到來，無常是自然的，沒有關係。"而僅是想著說死亡沒有關係，並且接受它，事實上毫無益處。

思惟死亡的目的不是要減除對死亡的焦慮，而是要利用死亡的來臨以激勵修行。思惟死亡與無常，使你了悟沒有時間可以再浪費了。這樣可以讓你更精進地修行，唯有如此，這樣的思惟才有價值，才能達到它原來的目的。你所聽聞的教法——觀修死亡與無常——其真正用意是要認真對待這些事情，來激勵你更精進地修行。

關於無常的思惟，有些人似乎認為，老是想著死亡與無常是會折壽的，甚或想著這些就會招來死亡，這純屬無稽之談。你壽命的長短主要取決於你的業，不會因為思惟死亡，就改變了你的業。如果想著死亡就會折壽是真實的話，那麼，如果你不斷觀修長生不死，你應該可以無止盡地延長你的壽命。而我們並未看到那些情況發生！因此，你可以合理地認為，不會因為只觀修無常就有早亡的危險的。

至於構成淨光禪修的要素，我來舉個例子。如我以前教過，當你觀修四臂觀音時，你不間斷地持誦咒語「嗡嘛尼貝美吽」。而在持誦咒語的當兒，時時將心安住在無任何概念、念頭或思想的行為中，那樣就會有見到淨光的時候。

學　生：我有個問題是關於放生。在波士頓，蚯蚓都來自加拿大，如果買蚯蚓的話，就製造了業的先決條件，讓北方勤勞的加拿大人民去撈取更多的蚯蚓，他們以挖蚯蚓作為鄉村工業。因此，當你去放生蚯蚓，事實上，你使更多生命受到危險。同樣地，如果去買魚餌，就製造了需求更多魚餌的市場。在比較傳統的農業經濟中，我可以了解放生是很好的。但是在資本主義的經濟下，去買蚯蚓或魚餌，卻使更多的生命受到威脅。對於放生的願望，我要如何做才更有效益呢？

仁波切：是的！我們無法保護所有的眾生。我們必須保護我們能力所及的生命。但即使是那些，我們也不可能永久地保護，也許我們只能延長他們一天的壽命。因此，當你去購買動物，其出售的目的是會令之死亡的，不論是被吃（如魚類的例子）或者是用來當魚餌（例如蚯蚓）。縱使它們只能存活一天，也許還是比它們原來能活的更多一天。

學生：中陰教法提到，在中陰時能成功地達成任何事情的先決條件，是要在此生開展非常穩定的禪修。這是我修行上一直存在的問題。由於我在禪修上一直很難維持穩定，我便大量閱讀。是否有任何進一步的協助，能使這更好些？

仁波切：確實有方法與教授能使人開展穩定性，從而能成功地橫渡中陰期。如你在問題中指出，我們都希望能達成這種穩定性。但是要達到那種穩定性，並不需要修持很多種技巧，只要適當地運用任何一種完整的修法：觀自身為本尊四臂觀音，持誦咒語「嗡嘛尼貝美吽」，並且在一座修法結束時，將本尊相融入空性中。以這三種技巧，你就可以獲得橫渡中陰所需的穩定性。將本尊相融入的觀修部分，是培養對淨光的認識。如此在死亡時，你就可以認知法身。觀自身為四臂觀音，就有能力在中陰的第二階段得到報身的解脫。持誦咒語「嗡嘛尼貝美吽」，讓你學習將所有聲音，包括中陰時出現的聲音都視為咒語。更且，你修持的動機是大悲的，是爲了利益他人而投生爲化身利他願心的基礎，那是橫渡中陰第三階段的要點。修持這完整的技巧，就可以得到你所需要的一切。相反地，擁有許多知識與技巧，但對其中任何一種都不具備穩定性，是不會有益處的。

　　學生：仁波切，我皈依佛門已二十五年，但是我從不曾刻意避免葷食，似乎我應該要茹素，因爲我們生活的環境很可以不吃葷食，而仍然能吃得很健康，又營養，不像其他一些佛教徒的環境，就不易做到。您是否建議我應該盡力吃素呢？

　　其次，我們很多人都看過有關那些恐怖的屠宰場的報導。我們吃的肉，大部份來自那些屠宰場。在那兒，牲畜的境遇，比在普通農場更可怕。如果我們要食肉的話，是否應該盡力避免不吃來自那些恐怖屠宰場的肉呢？

　　仁波切：如果你能斷葷食，那是太好了，我很感謝並隨喜你如此做。就你提到的理由，很明顯地能不吃葷是最好。如果你無法完全戒葷，或者你去到一些國家，你或多或少必須吃葷食，那麼，當你吃的時候，你應該利用那機會發願，希望那些牲畜不再投生下三道。因爲你吃動物的肉，將它吸收到自己的身體內，你與它結了身體上的緣，這樣做，你確實可以幫助它們。這不是說吃肉就沒有關係，或者說，因為你發了願，吃肉就沒有罪，還是有的。我很難說這一點，因為我自己也無法戒除葷食，因此，我不適合到處去告訴別人不要吃葷，但是如果有人直接問我是否不吃葷比較好，我必須說"是的。"（中譯註：2007年初，第十七世大寶法王噶瑪巴鼓勵噶舉傳承的弟子們茹素，堪布仁波切從此斷除葷食，完全茹素）。

學生：我的了解，如果一個人在死時認出淨光，他們就證得法身，究竟佛果。如果一個人在生時，受了菩薩戒，就如我們現在一樣，誓願以人身再回來，直到所有眾生都得解脫。那麼，證得法身境界，是否破了他們的戒呢？

仁波切：不，這不違犯所受的戒，因為當一個人證得法身時，他們並不停留在被動的情境，或是沒有作為的境界，這並不像一種永久的假期。一個人一旦證得法身，他自動地展現報身，並且展現化身來利益他人。這非但沒有違背菩薩戒，事實上，它最能圓滿成辦菩薩戒。

學生：仁波切，一個修行者在他人過世週年時，應該做些什麼事呢？如果那人早已投生去了，對他還會有利益嗎？

仁波切：在任何時候，你都可以利益他們，包括他們逝世週年日。不論他們是否已投生，也不論他們已投生多久了。你可以做供養，來迴向給他們。或以他們的名義，做善行來利益他們。尤其是在週年時，將你平日善行善業，特別迴向給他們。不論是何種方式，都能利益自己以及他人。即使他們那時已投生了，你不一定知道是那類的投生。如果他們不幸生在下三道，你能夠以行善來利益他們，改善他們的境遇，甚至解脫他們免於那類投生。

在西藏，大喇嘛們常常可以看到亡者投生之處。通常在其家屬的請求下，有時他們會觀察這現象，然後建議家屬應該為亡者做些什麼事。他們會說些像是這樣的話，「你的親人已經投生在如此這般的下三道，要幫助他們得到解脫，家人應該做這樣的修法，這樣的善事等等。」另一種情形是人們成為還魂者 (returners)，這在西藏歷史曾不斷發生，直到現在仍然有可能。身為還魂者的人確實已死亡，然後又再復甦。那不只是瀕死的經驗而已，因為他們確實經歷了整個死亡的過程，包括中陰。當他們重複地這麼做時，他們能夠看到下三道，並且能與已過世的人接觸。即使一個人已死亡多年，並且投生在下三道，這些還魂者有時還能替那人，帶訊息回來給他的家屬，建議家屬去做些能利益他的事等等，而這似乎確實有效。

學生：有些人長期依賴機器維生，而沒有復原的機會。這種狀況的人不再有任何意志。事前沒有任何的遺囑，而要自然死亡又有障礙，在這情況下，要如何來結束這種受苦呢？

仁波切：我很難回答這一點，因爲大部份仰賴人工機器維生的人，其效果或復甦的機會，長久來說是很難預測的。我能說的是，如果病人是個很好的修行者，有機會在死時認知淨光，那麼他們最好不要仰賴人工維生機器。他們的生命最好不要用人工維生機器來延長，因爲這些機器會在他們仍有知覺能認出淨光時，阻礙他們去體驗淨光。而當他們最後進入淨光時，會是在昏迷的狀態下進入，這對他們很不利。

對一般人來說，這不會是問題，因爲大部份的人不會有太大的機會認出淨光。在那情況下，是從自然而有知覺的死亡中進入淨光，或是從生命被延長的昏迷狀況中進入，絕大部份都無關緊要。因爲在任一情況下，他們都不會認知淨光。對一般人來說，人工復甦或生命維持機器，是否對他們造成任何傷害是很難說的。也許會，也許不會。我舉個例子來說明這對某些人會是個問題：已圓寂的喇嘛貢噶，在他過世的前一年告訴我說，"如果我有福報的話，我就會死在西藏。如果辦不到，我就要確定我死在印度。我不敢死在美國，因為他們不會讓我死的。他們會把我安裝上一些機器，我就無法死去。"現在我把他的意見解釋為，這是他間接表示他有能力認知淨光，並且在中陰時有得到解脫的信心。而那也是為什麼對他來說，那會是個問題。

學 生：我聽說過臨終的人與他們死去多時的親人講話的故事，他們似乎看到或聽到死去的親友。與過世了的親人交談，或者有他們在場，對我們死亡的過程有幫助嗎？

仁波切：我想他們並不是真正看到死去的親友，那是由於與那些親友有關聯的習氣所產生的幻覺。唯有當你自己已經死了，也就是當消融的程序完全結束，才可能與死去的人接觸。如果臨終的人仍在講話，那麼他們尚未死亡，他們可能是因為習氣而有顯相或幻覺。

學 生：不同宗教的人，有不同的信仰與信念，那又會如何呢？他們解脫的機會如何呢？在這過程可以做些什麼，來幫助他們呢？

仁波切：關於你第一個問題，我的確不知道要如何回答。

如果我要回答說，"不，非佛教徒沒有機會能認知淨光，而得到解脫。"那麼，這不過是宗教的偏見。在另一方面，如果我說，"是的，他們有機會認知淨光，並得解脫。"那又會是全然的虛偽。因為要下那樣的斷言，我自己必須達到他們宗教的最後結果，並且知道它能賜予什麼樣的能力，所以我無法回答那個問題。

至於你的第二個問題，我想你可以使用同樣用於佛教徒的方法，只是你要小心謹慎地來做。舉例說，你可以持誦咒語或佛號，例如"嗡嘛尼貝美吽"，而將其功德迴向給他們。但是當你做的時候，不宜讓他們聽到，因為那會令他們煩惱不安，就如同我們前面討論過的。這些做法對任何人都有利益，並不祇是對佛教徒而已。如果你做任何善行，例如持誦六字大明咒而將功德迴向給那個人，絕不會因那個人本身不是佛教徒的這個事實而讓他得不到利益的。佛法的目的是要利益六道所有眾生，而不祇是佛教徒而已。

學生：仁波切，您談到業在中陰時殆盡了，是否可以請您再詳細解釋一下業，以及我們如何將業帶到未來生呢？

仁波切：業存在於一個人的一切種識（阿賴耶識）內。在中陰時，就是這一切種識結合著微細氣，或稱命氣，從一生傳到下一生。因此，**心氣**就是維持與傳送業的一個容器。我必須再說明一下，當我說前一世的業已殆盡，我並不是說導致前一世的所有的業都用盡了。我指的是，導致那特別的一生，那些特殊的業，行為的特殊印痕，在那一生結束時，必須是用盡了。這並不表示存在於一切種識的所有其他業痕全部都清除或用盡了，它們都還在那兒的。

在中陰所經驗到的空窗是這樣的：雖然業仍存在你的識中，但是它暫時潛伏不動，尚未成熟。在你活著時，是因業力成熟形成了五蘊身。而這業力成熟的狀況，此時並不存在。前一世的業已被摧破殆盡，而下一世的業雖然存在，卻尚未成熟。由於完全成熟的業加諸在你身上的限制是阻礙改變的原因，因此這是可以產生改變的時機。換句話說，一旦業完全成熟，新生命的五蘊身形成了，就不易再改變，你就陷入新的局勢了。在前後生之間，雖然仍有許多需要被清淨的業，但都尚未達到成熟的境界，因此改變是有可能的。

學生：仁波切，身為一個普通的修行者，要如何利益六道眾生，而淨空下三道呢？我指的是儀軌上的祈願文，例如"願下三道都能淨空"，對一個普通資質的修行者，這似乎很難掌握。

若是這樣祈願的話，我們應如何開始做呢？

仁波切：雖然我們只是平凡的眾生，能夠為他人作的事還是很多。每次當你行善，並且真誠地迴向給他人時，藉著你的功德與迴向的力量，就可以把良善的習性注入其他眾生的心續中。經由你迴向與祈願的力量，所傳導的良善習性最終可以使他們獲得解脫。首先是從下三道，最後是從輪迴本身得到解脫。

通常在儀軌中使用的偈子，"從底部淨空輪迴"，"從底部淨空下三道"等等，是諸佛菩薩大悲的願心及其主要的目的，也是所有受持菩薩戒的人的願心。你發願帶領一切眾生無有剩餘地得到解脫，這是無止盡的願心。因為眾生無盡，所以甚至很難回答這常被問到的問題，"真會有所有眾生都得到解脫的時候嗎？"這是個"困難點"。雖然我們發願要帶領一切眾生無有剩餘地達到解脫，而且這是個無限制，也可能是無止盡的努力，我們仍然可以一個一個地利益眾生。

在許多情況下，即使如你、我平凡且具煩惱的眾生，也可以在其他眾生心中種下解脫的種子。譬如，如果你在死去的動物旁邊唸"嗡嘛尼貝美吽"咒語的話，就會為它種下解脫的種子。每一位與佛法有緣者，都可以這樣做。如此做並不需要證量，你只要知道這是可以做的，並且去做。

如我說過，我無法評價其他宗教的信徒能不能得到解脫，因為我真的不清楚。我能說的是，與任何精神信仰沒有關聯的人是做不到的，因為他們沒有任何方法能在其他眾生的心內種下解脫的種子。以"平凡"這個詞的完整含義而言，我們可稱這些人是真正"平凡"的眾生。我們也是未證得的眾生，但是我們具有能利益他人的知識。雖然我們也是平凡眾生，但是我們是平凡中最好的，因為我們有方法能夠去利益他人。

學　生：在美國，當動物受病痛折磨並且快死時，我們慣於讓它們"安樂死"，您如何看待這件事？

仁波切：我不認為這是件好事。雖然動物在死之前，會遭受巨大痛苦，而人們確實希望能結束它們的痛苦。在它們死亡之前，最好能盡力地照顧並幫助它們，讓它們自然死亡，而不要給予毒藥，來加速其死亡。人們這樣做的動機當然是出自憐憫，因為他們認為動物所剩餘的經驗只是悲慘與痛苦，而死亡能結束它們的痛苦經驗。他們自然想要免除動物受那些痛苦，雖然動機是同情與憐憫，卻是依據根本誤解的想法，以為痛苦經驗會因死亡而結束。

安樂死的問題是，動物死後會陷入更大的痛苦經驗。你可能無法認知這一點，因為當動物已不在它的軀體內，你是看不到它的。基於這個理由，最好能讓動物自然死亡。

學生：仁波切，在死亡的過程中，瀕死的經驗可能會發生嗎？如果會，那麼命氣會如何呢？我看過報導，在瀕死的經驗中，人們通常說他們看到美麗奇妙的光，而且為之吸引。可是此處似乎說我們或者是認不出來，或者是太過驚駭而逃開。

仁波切：似乎常見的瀕死經驗都是顯或增的經驗。如果是那樣的話，那麼那人尚未到得的階段，也就是尚未到生理機能完全停頓了的階段。因此，他們尚未到達真正耀眼駭人的光芒出現的時候。他們是經驗到白光或紅光，並且因為某些心識概念停歇了，因而感覺安樂。此時命氣的力量尚未完全用盡，否則那人就不會再活過來。

學生：仁波切，關於現代科學程序所引發的出生，如人工受孕，或者在實驗室培養皿內的受胎，這些是如何發生的呢？換句話說，是什麼取代了看見父母交合，近因是什麼呢？是什麼讓識投入培養皿中，那個過程是如何發生的呢？

仁波切：基本上那是同樣的過程，就如同它在身體上的作用一樣。識仍然以同樣的煩惱覆障來看待精與卵的物質。煩惱覆障並不只針對個人而生，對物質本身，它也是同樣會因貪欲和瞋恨而產生。仍然是同樣的煩惱覆障，令識投入其中。但別忘了，對於人工受孕，科學的理解並不包含中陰眾生的投入，因爲他們看不到這一點的。

學生：關於受孕時二種特殊物質，紅、白明點的融解，我還是很困惑。命氣與識（阿賴耶識）進入精子，不管它是在培養皿內或人的身體內的嗎？

仁波切：是的。

學生：如果一個人認知了法身，他們下一步是什麼呢？他們有能力自覺地選擇投生嗎？關於這一點，轉世活佛（Tulku 祖古，意即化身）是如何經歷中陰的呢？

仁波切：先回答你的第一個問題，如果一個人認出了基光明，他們就證得法身，在那時他們所做的事就如同所有的佛一般。從那刻起，他們以各種化身來行無邊事業，直到輪迴空盡。回答你的第二個問題，當化身（祖古）從一生進入到另一生時，基本上他們能以任何方式轉世，他們會根據對大部份眾生最有利的方式來做。顯然他們並不需要經歷一般所謂的的中陰。但他們可能會為了要利益，甚或解脫中陰的其他眾生，而決定進入中陰。有許多關於祖古在他們前後生之間，在中陰解脫無數眾生的故事，雖然他們會進入或是顯現在中陰，到下三道去，並幫助那裏的眾生得到解脫，但是他們不會感受到強制力，也不會有恐懼或焦慮。

學生：仁波切，我們要如何運用每天的睡眠，來準備死亡的過程？我聽說在入睡的過程，會經歷一些相同的消融和淨光的經驗，我們可以如何利用這些呢？您可否再詳細敘述一下，當我們睡著時真正發生的事？

仁波切：入睡的過程，與死亡時消融的過程的確是有關聯的，而這就是修持有意識的清明夢境，開發這種認知能力的原因之一。

學生：仁波切，您中陰的教學，讓我了解到像大手印與觀想的修持能運用到生死之間的中陰。當然，我們都知道偉大的上師，如那洛巴與密勒日巴在他們一生中就得到解脫的故事。此處所提到的修持，目的都是要在中陰時能有較好的機會得到解脫。

在這一生中，機會是否仍然很多，值得為那些目標而努力嗎？

仁波切：如你問題中提到，像那洛巴與密勒日巴等大師，還有許多其他的人，他們一生在世時，尚未進入中陰之前，就已證得圓滿覺悟。你也有機會能如此，在此生就證得相同的成就。以外在資源而言，你擁有與他們相同的佛法，你接受的教授與他們的相同，而佛法與這些教授，因他們的慈悲而留存至今。因此，從外在資源的角度來看，你是有機會的。

問題是，一般說來我們都沒有像他們那樣的精進，沒有像他們那般敏銳的洞悉力，或是相同的信心與虔敬。如果你與他們一樣精勤努力，有相同的洞悉力，具有一樣的信心與虔敬，那麼你就可以達成與他們一樣的證量。就那樣的意義來說，你的確是有機會的。

一般說來，金剛乘的修持有三種結果：最殊勝的是在此生中證得圓滿覺醒，即佛果；其次的是在死亡時或在中陰時證得解脫，那也是我們現在所談論的；第三，你至少可以在七生，或至多十六生中得到解脫。這樣的結果是修持的目的，是由於你發願能有覺知地選擇投生於一個可以繼續金剛乘修持的情境。這是希望來世你能更進步，一生又一生地，直到你圓滿了完全的修持道行。

我要說的重點是，即使你這一生沒有證得佛果，你仍然是處在最好的境況。因為你接觸到所有佛法中最獨特的，可以迅速引領到覺醒的系統，這是釋迦牟尼佛獨特的教法。基本上，過去佛不曾教過，未來佛也不會再教導。我們非常幸運能接受到這些教法，即使是以佛教傳承更長遠的角度來說，這也是獨特的。

　　學生：仁波切，不知我的了解是否正確？當你將生在人道而尚未投生前，你就能看見你的父母？

　　仁波切：是的，你可以見到你的父母，那也是為什麼你會生起執著與憎恨的煩惱，而煩惱就導致了出生。

　　學生：我聽說中陰眾生也可以看到來世的頭幾年，這是真的嗎？

　　仁波切：當你的意生身已具有未來生的身體形相時，你多少就會有一些概念。我不知道這會有多精確，也不知道你是否能確實知道，"我將會是某某人，會是誰與誰的小孩。"

　　學生：仁波切，我從小就對現實有一種很有趣的因緣。有時，我會有一種持續的空的感受。在我開始修行後那種感覺更增加了些，但是我想我是來到一種停滯期。同時，我的夢境非常活耀，有時十分清明，我也從中獲得一些洞察力。然而，我對觀想的修持卻感到相當困難。夢境清明，而又有空性的感覺，似乎應與觀想的修持更有因緣才對。但是，我覺得好像瞎了眼般，我有點覺受，但並不是視覺的。我對所經驗到的很疑惑，我以為是空性的經驗，會不會是誤解？或多少是自我欺騙？我要如何使觀修更成功呢？

仁波切：既然你至少偶而有清明作夢的能力，你應該試試下面這些事：在清明的夢中，去到懸崖或峭壁，或者面對一些通常會讓你害怕的事，如某種肉食野獸等，看看這些情境是否會令你恐懼不安。若知道你是在作夢，對這些事你就一點也不會感到害怕。接著，試著去接觸一些你真正喜歡的事，然後看與這些你所執著的事物接觸時，是否在你心中產生任何動盪。如果都不會，如果夢境的清明，使你不受恐懼或喜悅的影像所影響，那的確是非常好的。

關於你空性的經驗，從你提到的，很難知道它到底是什麼，或者是怎麼回事。有可能是種任運自然的經驗，你的心是在一種所謂“自然安住”的境界，你的心自然地安住在無造作的狀態中。如果你所經驗到的是那樣的話，你應該能夠很輕易地運用在觀修

上。首先你從基本的觀想開始，例如從字母啥 (HRIH) 開始，生
起該字母清晰的形相，將你已熟悉的自然安住狀態，轉化為全神
專注於那字母上。你應該可以生起該字母清晰的形相，然後逐漸
地將它延伸到更繁複的觀想。如果你的心並不是在自然安住的狀
態，你可能只是失神，有時人們因此會感受到一種空。如果僅是
失神，那是毫無用處的，對觀修或任何事都沒有幫助，那祇是一
種精神的狀態。

關於一般的生起次第，我們都希望有清晰的觀想。當然如果
你能觀想清楚，那非常好，這沒有甚麼不對。但是最重要的因素，
不是你觀想的本尊是否真正的清楚。如果形象是非實質，如彩虹
般，栩栩如生，而且你能認知它，那麼，即使影像非常模糊，修
持也算成功，因為它的重點是去修持。影像生動而非實質，遠比
清晰程度重要。極有可能有人能生起極端清晰的影像，卻視之為
實體。那種狀況就不是成功的生起次第修持。

請一起念誦迴向祈願文，以此課程的善德，願所有眾生，從
具格上師處領受到正法，在死亡時能認知淨光，得到遍知解脫之
境。

附錄

中陰開示問答篇

2010/12/18~2010/12/19
紐約法拉盛

學生：根據仁波切的開示，在中陰時最重要的就是認知。也就是說，在中陰時你或者必須認出文武百尊（亦即寂靜與忿怒百尊），或者必須認出自己身處中陰，且要有能力選擇投生。所以爲了準備這些，什麼是最好的方法呢？是聽聞或作本尊禪修？因爲很明顯的，若在快死前才做準備，一定來不及的。我們應如何準備呢？

仁波切：在活著的時候我們能夠做的最好的準備，就是安住在心性上。我們平常的修行，其目的就是要讓我們在死亡的時候能夠得到解脫。觀修本尊法也是一樣。平常所做的本尊禪修，是以本尊做我們的依怙，做我們的保護。不論修持那一位本尊，到了中陰當他顯現時，就能夠認出他，那時我們就能夠得到解脫。

另外一個情況是，如果你的禪修能夠安住在心的體性上，那麼在死亡的第一個片刻，也就是第一個階段，當基光明出現時，你所禪修的道光明就可與之合而爲一。這就是母子光明會，這時就能夠得到解脫。這些都是靠平常的修行。金剛乘本尊法的禪修可分為生起次第與圓滿次第兩種，前面所說的本尊觀修屬於生起次第，而安住於心性的禪修則屬於圓滿次第。雖然在中陰時會見到種種的現象，這些現象出現時，不論是本尊身、光、或聲音等等，都與我們生前的感覺和經驗不同。但因為我們在生前已經學習過了，所以不論見到什麼光或本尊，由於我們已經知道這些會在中陰顯現，我們便知道已經身處中陰了，那麼在當下就能夠解脫。

學生：為什麼在中陰時期會迷惑？是否從斷氣，也就是呼吸停止那一刻起，一進入中陰迷惑便開始了呢？

仁波切：迷惑最主要是指，中陰眾生不知道自己身處中陰。當基光明出現時，他不認識；文武百尊出現時，他也不認識。有如進入一種迷惑的狀態。這種情況就像恰美仁波切說過的，當敵人攻擊你時，有一批友軍來拯救你、保護你。但因為你不認識他們，誤認他們是敵人，反而加速逃避一樣。文武百尊的顯現就像是這批友軍，他們來保護你，但因為你不認識他們，反而避開了他們。

學生：應該怎樣觀想紅、白明點？

仁波切：紅、白明點不需要觀想，因為它們是俱生的。它們是我們生來就有的，在我們尚未死亡前，都在身體裡。直到死亡的那一刻，紅、白明點一個上升，一個下降，集中在我們的心輪，然後漸漸消融到無，所以不需要觀想它們。

學生：中陰第一個階段有多長才進入第二個階段？第二個階段的時間又有多長？是否每一個眾生的時間都不一樣？

仁波切：這對每一個人而言，不是完全相同的。基本上，中陰第一個階段是從法性光明出現開始，直到它消失之前的第一個片刻。這第一個片刻不是像我們現在計算時間的一分一秒這種片刻，而是從它出現到它消失之前都稱為片刻。接下來就是第二個階段。第二個階段的時候，如果從《中陰聞即解脫》的法本來說，它的每一天都有不同的情況和顯現的現象。

學生：日常生活中要怎麼樣修中陰？

仁波切：在日常生活中，即使你不能做唱誦等種種的修行，但在認識了中陰是什麼後，你平常就應時時複習，提醒自己中陰會經歷的階段，看到的現象等等，也可以預習或複習。以五方佛為例，當種種現象出現時，我們可以這麼思惟，這其實是五方佛的顯現，而不是我們的幻想，它的清淨面就是五方佛。這樣的觀想與思惟，可以幫助我們在中陰任何現象出現時，有一個習慣性的反應，知道這就是清淨的五方佛。但最重要的是必須盡力行善，然後迴向善行，希望在中陰時，我們能夠認識中陰，能夠有一個好的結果。如此，由於認識中陰，得到解脫，能更進一步地利益所有的眾生。

學生：我的父親年紀很大，身體又非常衰弱，他不是佛教徒。我能做什麼來幫助他？當他往生之後，我又應該為他做什麼呢？

仁波切：當你的父親還在世時，你能夠做的最好的事情就是要非常地愛他，非常地關懷他，盡可能地幫助他，不論他說什麼都不要跟他爭吵，盡量順從他的意思。既然他的年紀已經非常大了，你要盡量多做善事，然後將善事迴向給他，讓他將來能夠有好的來生。等到他真正往生之後，你要為他向三寶，也就是佛、法、僧祈求，祈請三寶保護你的父親。當然最好能為他修破瓦法，否則，就是祈求三寶的加被。

學生：請問仁波切，睡覺時好像靈魂離開了身體，在天花板看著自己睡覺，頭腦很清楚，但是手腳不能動，這是什麼現象？

　　仁波切：這有兩種情形。一種是脈被壓住了，只要旁邊有人喚他，他就會回來。另一種情況，我以前常聽人說，他睡覺時身與心分開了，心跑到外面。以前我對這有點懷疑，直到後來自己也經驗到這種事情，我相信這確實會發生。但到底這是什麼，我不是很清楚。

　　學生：修持本尊法的行者，死時本尊是否會來接引？

　　仁波切：是的。如果你對觀修的本尊非常有信心，而且也修得非常好，那麼在你死後，本尊就會現前，如果你能認出他們，你就可以往生該本尊的淨土。一般而言，當本尊顯現時，他們都被描述為五方佛。事實上，五方佛包括所有的本尊，因此本尊就是廣義的五方佛之一。

　　學生：如果在生前修持阿彌陀佛和觀世音菩薩，覺得與他們特別有緣，臨終時是否兩尊會同時顯現？如果他們同時出現，會不會起分別心，而落入魔境？應如何面對？

仁波切：實際上觀世音菩薩是阿彌陀佛的化身，所以兩者是無二無別的。如果臨終時他們兩位同時顯現的話，那是沒有什麼關係的。因為他們二位就好像是皇帝與大臣一般。這時要看你的發願。如果你希望能夠到觀世音菩薩的淨土，也就是普陀淨土，你就會生在那裏，那是化身佛的淨土。如果你想到阿彌陀佛的淨土，你就會生到極樂淨土，那是報身佛的淨土，兩者都是一樣的。

學生：如果有人很嚮往極樂淨土，但又很嚮往藥師佛淨土，要如何選擇？

仁波切：那阿彌陀佛和藥師佛就要吵架了〈仁波切在開玩笑啦〉。阿彌陀佛的極樂淨土比較好，因為只要你發願往生極樂淨土，是比較容易往生的。而若希望往生藥師佛淨土，就必須發非常殊勝的願才能夠往生。一旦生在阿彌陀佛的極樂淨土，你每天都可以前往其他佛的淨土，去供養、恭敬、禮拜該淨土的佛。當然也可以去藥師佛的淨土。所以最好是發願到極樂淨土。

學生：有人說死時會見到親友，或見到諸佛菩薩來接引。可是又有教法說那是魔，千萬不要跟著去。到底應不應該跟隨著去呢？

　　仁波切：這是不一定的，尤其對一個修行者而言。死時，到了中陰，也許會有許多眾生來接你。他們看來可能像普通眾生，或像閻羅等等。其實不論這些眾生是什麼形相，就勝義諦言，如果你當下有信心認為他們就是本尊，就是佛菩薩，也就是在體性上，你把他們當成不異於佛菩薩，不異於本尊，如果你有這個信心，那麼不論他是佛或是魔都沒有關係。

　　學生：為亡者修破瓦法，如何知道是否成功？有何徵兆可以檢視破瓦法是否修成了？身體會呈現何種特別狀態？臉色是否泛紅或發黑等等？

　　仁波切：如果為亡者修破瓦法，修成時並不會使亡者的臉色改變，不管是變黑還是變紅，這是不會的。協助修破瓦法的人如果觀想非常清晰，非常專注，是可以修成的。而成功的徵兆是，假如你去摸亡者的頂門，他的頂門會是溫熱的。另外一個可能的現象是，在亡者的頂門，也就是在他梵穴的地方，如果你輕輕地拔一下他的頭髮，頭髮就會掉落。這些都是成功的徵兆。如果是非常好的上師或喇嘛幫助修破瓦法，是可能出現成功的徵兆。

學生：請問亡者的遺體在何時火化比較如法？

　仁波切：這可分兩種情況。第一種是修行者，如果他在死亡後因爲能夠認知基光明，安住在法性光明之中，他就會安住在死亡禪定中幾天的時間，所以在那幾天就不要移動他，當然就不要火化。第二種是一般凡夫，我們很難知道他的神識在什麼時候離開身體，所以很難給予一個確切的回答，倒底幾天之內不能火化。但基本上，至少在還沒火化或埋葬之前，每當你提到亡者的屍體時一定要用敬語，非常恭敬地，不管他能否聽到，都要讓他能生歡喜心。至於什麼時候火化，就看當地的習俗。

　學生：死後可不可以捐贈器官？器官捐贈時要及時取下，對亡者有什麼影響？可以馬上進行切割否？

　仁波切：如果你生前發心非常純淨，你希望以這純淨的發心讓人在你死亡片刻之後就把你的器官取下做捐贈，那是非常好的。

　有關器官捐贈的問題是很難說的，因爲通常一個人要捐贈遺體都是事先簽下意願書，或者他已經寫好遺囑。這是非常好的一種發心，也是一種很好的布施。但有時候有些眾生，雖然已經簽

　　　　　　　　中陰：死亡時刻的解脫

下了意願書，可是當別人照其意願把器官取下時，會有些後悔，還是有可能會生氣或不高興，所以很難說對亡者的影響會如何。如果你真的很肯定不會生氣，那確實是好事。但如果你不是很肯定，那影響就很難說。

學生：在無法改變的情形下，亡者死後馬上被放進冰庫。如果亡者生前曾修習大手印、禪修等等，除了請上師、佛加持外，亡者可為自己做些什麼呢？

仁波切：這主要是看個人對心性的認知。如我前面說過，在西藏，若一個人死後安住在死亡禪定中，在亡者的禪定結束前，不要去動他的身體。這是一個很好的習俗。但若一個人的禪定——他對基光明的認知，非常穩固的話，那麼移動他的身體也不會干擾到他的禪定。對這種情形我有過經驗。當年喇嘛貢噶在西藏圓寂時，我們被迫必須將他的遺體運回寺院，那是一段約二十分鐘的車程，路況非常顛簸難行。當我們抵達目的地時，他仍然安住於禪定中，而且我們也能夠協助將他的身體坐直，並沒有打斷他的禪定。

另一方面來說，如果一個人沒有證悟，並且認不出基光明，或是他可能認出了基光明，卻無法安住其中，那麼他們死後是不是被放進冰庫，就沒有什麼差別，不會是個問題的。

學生：我的朋友意外身亡，他是天主教徒。身為佛教徒的我可以佛教的儀式為他超度嗎？

仁波切：當然可以。雖然他是天主教徒，你還是可以用佛教的儀式來利益他。即使是動物，你也可以用佛教持咒的這些方法，來利益這些死去的動物。佛法的持咒或禪修就像水一樣是無所不利的，水不會分別說，我只利益這些，而不利益那些。同樣的，我們的修行方法是可以利益所有的眾生的。

學生：中陰的眾生有可能超過四十九天嗎？原因是甚麼呢？我們可以怎麼樣去幫助他們？如果在一個人過世四十九天後才修破瓦法，還會有助益嗎？

仁波切：一般情況，中陰的眾生在四十九天之內就會投胎了。但是也有可能會超過四十九天。這類眾生一般說來沒有很大的福德，他們沒有積聚很多善業，但也不是大惡人。他們若對自己生前的東西非常執著，離不開它們，不管是財物或其他物品，他們就會一直停留在中陰。我們應該為亡者多做些善事，然後將這些善業迴向給亡者。

即使在一個人過世四十九天後才修破瓦法，至少不會有什麼壞處。若亡者尚未投生，修破瓦法可以幫他投生到比較好的地方。雖然亡者的神識已經不在他的身體內，但由於你修破瓦法爲他迴向，對他還是有利益的。

學生：人往生後，應該等多久才處理他的遺物？怎麼做，才不會讓往生者產生煩惱心？

仁波切：很難說要等多久才適合處理遺物。在西藏，一般家庭，在四十九天之內，會盡量不去動用亡者的東西。但如果是佛教的家庭，只要有人死亡，家人通常會將亡者的遺物送給寺院或供養僧寶，爲亡者做善業，然後迴向給亡者，所以是越快越好。但是如果沒有這個傳統，或者不是佛教的家庭，就很難說。基本上在這期間我們盡量對亡者產生慈悲心，然後將所有的善業都迴向給亡者。即使我們要用他遺留下來的東西，也應該用它來行善。

學生：我正要開始修四加行。如果我還沒有做第二加行——金剛薩埵清淨法——就死亡，那我就沒有機會能清淨惡業了。如果是這樣的話，有沒有甚麼方法可以清淨我的業障？

仁波切：如果你下定決心要開始修四加行，而且無論如何都要完成，那麼即使你還沒有修完就死了，那還是非常好的。雖然金剛薩埵的修持是清淨業障最好的方法，但其實在修第一加行——皈依大禮拜，也是能夠清淨業障與惡業的。很高興你在還沒開始修四加行，就已經後悔過去所做的惡業，並且希望能夠清淨它們。修持四加行，最重要的是要非常堅定，決心一定將它完成，然後非常精進地修行，就一定可以清淨業障的。

學生：在中陰的第三個階段，也就是已經錯過了法身和報身解脫的階段，那麼在投生的時候，是否有機會投生阿彌陀佛的極樂淨土？

仁波切：如果亡者生前已經積聚了非常大的福德，或者是說有具德的上師為他祈福的話，他還是有可能在第三階段投生阿彌陀佛的極樂淨土。如果純粹是靠自己的力量，在那時想去極樂淨土，是比較困難的。

學生：如果患有老人癡呆症，但以前曾經修行的話，臨終時有沒有可能認出法身光明（基光明）？

仁波切：這是可能的。我們這個身體會影響我們的智力，只要還有呼吸，我們的心就會受身體的影響。但是到了死亡的時候，心就不再受身體的限制，當基光明現前時，只要你的修行功夫夠力，還是有機會能認出基光明的。

學生：請問中陰時會慌亂，是否應立刻持佛號，或持咒？應持什麼咒，有那一種方法最簡單且容易記住？又有什麼方法可以預知自己的死亡時刻？

仁波切：在中陰時，因為那是非常恐慌的期間，所以很難說是否還有能力去持任何佛號或咒語。但假如你在世時，已經有很強的持咒習慣，而且已經能將任何聲音都觀想為咒語，有這樣強烈的習慣，在中陰時，也許還是有能力持咒。任何的咒語與佛的名號都非常好，但其中最好的是六字大明咒"嗡嘛尼貝美吽"。至於那一種方法最簡單且容易修，要看你在世的時候，有沒有修行的習慣。如果有，那麼中陰的時候，也許還能保持那個習慣，否則是非常困難。

至於什麼時候會死，這如何能夠預知呢？每一個人生下來就一定會死，這是大家都知道的。但什麼時候會死呢？也許今天晚上就會死，也許明天！最重要的是，要常常想到我們一定會死。常常憶念死亡，對修行是有益處的。什麼時候會死，這是很難知道的。

學生：如果臨終時沒有上師或同修在身旁，怎麼辦？

仁波切：因為我們臨終時不一定會有上師或同修在旁邊，所以我們才會一直強調，在世時我們一定要好好修行，這樣對死時是非常有利益的。

學生：既然來生轉世取決於各人生前所做的善業與惡業，為什麼中陰度亡包裹如往生被、加持過的聖物等等，能有助於投生善道？

仁波切：原因是中陰度亡包裹如往生被、加持過的聖物等等具有很大的加持，能夠增長亡者的善業力量。

學生：如果一個人很久以前就死了，譬如說二十年、三十年、或四十年前就已經死亡，或是一個人譬如說四十多年前就自殺身亡，為這些人做法事祈禱的話，還有沒有效用呢？

仁波切：雖然人已經死亡很久，我們現在為他做法事，為他祈禱迴向等等，對他還是一定有用的。那個人也許已經投生了，他到底投生善道還是惡道，我們無法知道，但是我們為他做法事迴向，對他一定有幫助的。最不好的是，認爲他已經死了那麼久了，修法也沒有用，不用幫他修法等等。這是錯誤的想法。

　　就一位自殺的人來說，他原來應該有一個業定的壽命，但因爲自殺，壽命減短了。雖然他已經死亡，但從他自殺，一直到他原來的自然壽命終止之前，都會不斷地經歷非常大的痛苦。所以即使很久以前自殺的人，現在爲他修法迴向都還是很有助益的。

請將此課程的功德，以及你與一切眾生所積聚的一切功德，迴向所有的眾生無有剩餘，都能超越所有的迷惑與無明，由於進入此殊勝之法道，而獲得圓滿佛果。

喇嘛耶喜嘉措　藏譯英
比丘尼喇嘛洛卓拉嫫　藏譯中
噶瑪策凌卻準　彙編

詞彙

五蘊 *(aggregates* 梵文：*skandha* 藏文：*phung po)* 五種構成個人經驗的知覺或心理生理之要素，包括色蘊、受蘊、想蘊、行蘊及識蘊。

一切種識 （阿賴耶識）*(all-basis consciousness* 梵文：*alayavijnana* 藏文：*kun gzhi rnam par shes pa)* 根據瑜伽行論，此爲八識中構成其他七識基礎之無分別本然識。又稱爲'藏識'，是往昔累積的業力印痕與習性之貯藏處。

顯、增、得 *(appearance, increase, and attainment* 藏文：*snang mched thob gsum)* 中陰的第一階段，三重消融的過程，通常發生在外氣已斷，而內息尚未停止時，這程序緊跟在四大元素分解後，而在基光明出現之前發生。此三重消融的每一部份各有三面向：顯現、伴隨的知覺、與煩惱的暫時壓抑或偃息。

《中陰祈願文》 *(Aspiration for the Bardo* 藏文：*bar do'i smon lam)* 中陰解脫的祈願儀軌，那是確吉旺秋 *(1584-c.1635)* 所

撰的偈頌，記載於《噶瑪噶舉法行儀軌》內 *(Dharma Practices of the Karma Kagyu)*。

中脈 *(avadhuti* 藏文：*dbu ma*，*kun'dar ma)* 微細身的三主要氣脈之一，在身體中央。

拙火 *(chandali* 藏文：*gtummo)* 內熱瑜伽。那洛六法之一，因密勒日巴而聞名。除了身體的煖樂效用外，也是達到證悟與圓滿覺醒的有力方法。

淨光 *(clear light* 梵文：*prabhasvara* 藏文：*'od gsal)* 也稱光明 *(luminosity)*，在最微細層次上心的本質，也可以認爲是佛性 *(buddha nature* 梵文：*sugatagarbha* 藏文：*bde gshegs snying po)* 的同義字。雖然存在於每位眾生的心續，但通常被染汙。一般是在死亡時，四大元素分解以及三重消融完成後，才會經驗到。然而修行者可以經由訓練，來培養熟悉淨光的認知。因此，圓滿認知淨光被認爲是法身證悟的成就。

關於淨光，可以從兩方面進一步加以區分：首先，基光明 *(ground clear light* 藏文：*gzhi'i 'od gsal)* 或母光明 *(mother clear light, mother luminosity* 藏文：*'od gsal ma)* 是前面提到的，在死

時自然顯現的法身，但是一般人若事前不曾充分熟悉的話是認不出來的。其次，道光明 (path clear light 藏文：lam gyi 'od gsal) 或子光明 (child clear light, child luminosity 藏文：'od gsal bu) 是修行者在生時，經由禪修培養證悟心性的熟悉過程，當這兩方面完全結合時，即是所謂的母子光明會 (meeting of the mother and child clear lights)，此等同於達到圓滿證悟或證得佛果。

法身 (dharmakaya 藏文：chos kyi sku) 眞實之身，意指非造作，非二元，本然清淨證悟之心性本身，是超越所有染污、煩惱、與概念的限制，完全清淨，顯現無礙。中陰的第一階段是直接認知法身，而達成解脫的最好機會。

法性 (dharmata 藏文：chos nyid) 按照大乘的說法，它是實相的究竟本質，是所有現象無法言詮，本來圓滿的清淨性。

睡夢瑜伽 (dream yoga 梵文：svapna 藏文：rmi lam) 那洛六法之一，是高階的瑜伽禪修，其主要目的是，利用夢境認出所有顯相如幻本質之方法，尤其是作爲中陰經驗的準備。這技巧包括訓練睡夢時保持清晰覺知，並且能自主地操控夢中的景象。

世間八法 (eight mundane dharmas 梵文：astau lokadharmah

藏文：*'jig rten gyi chos brgyad*）也就是對世俗的八種執著，包括意義相反的四組法：得與失、苦與樂、稱與譏、譽與毀。

元素　（elements 梵文：*bhuta, dhatu* 藏文：*'byung ba, khams*）根據藏密佛教醫方明與工巧明的文獻，這是所有物質與現象經驗的基本構成元素，可以各種不同的層次來解釋，從粗重的肉身顯現到微細的心續方面，四種基本元素（四大）與其相應的特質是：地（堅硬）、水（凝聚）、火（暖與轉化）、風（氣與流動）。若是說五大及六大，則另外加入空與識。

遷 識、 破 瓦　（ejection of consciousness, phowa 梵 文：*samkranti* 藏文：*'pho ba*）將亡者的神識遷引到淨土——例如西方極樂淨土的一種修法。雖然通常會請具格的喇嘛協助修持，但是具格的修行者也可能自己修此法。

五智　（five wisdoms　梵文：*pancajnana*　藏文：*ye shes lnga*）存在於所有眾生的五種根本清淨覺知。它們通常為業力習性與迷惑所遮蔽，而顯現為五種煩惱。五智是：法界體性智、大圓鏡智、平等性智、妙觀察智、與成所作智。五智與五方佛部有密切關聯。

《中陰聞即解脫》　（Great Liberation Through Hearing in the

Bardo 藏文：*bar do thos grol chen mo*）在西方通常被稱爲 "西藏生死書"，那是第八世紀時阿闍黎鄔地亞那蓮花生大士所撰的一部偉大的伏藏法。此法於第十四世紀爲伏藏大師噶瑪林巴取出，是一部浩瀚的典籍，內容有關中陰精確詳盡的知識與教授。

上師瑜伽 *(guru yoga* 藏文：*bla ma'i rnal 'byor)* 開展對上師的虔敬心，以得加持，並與上師之心合而爲一的法門。它也是金剛乘四加行中的第四前行法。

幻身 *(illusory body* 梵文：*mayadelha* 藏文：*sgyu lus)* 那洛六法之一，此高階法門描述的是，修行者證悟三身無別而現起身相的經驗，此經驗立基於如實地認知所有現象如夢似幻的本質。幻身成就可分爲兩次第：不淨與清淨。

中陰 *(interval* 梵文：*antarabhava* 藏文：*bar do)* 根據寧瑪與噶舉傳承，中陰可以指六種不同中有的存在狀態之一，然而一般幾乎專指從死亡開始到投生下一世的這段期間，平均持續約四十九天。

煩惱障 *(klesha* 藏文：*nyon mongs, dug)* 情緒染污、煩惱、或稱毒。三種主要的煩惱是貪、瞋、癡，加上慢與疑合稱五毒。

世俗諦 *(kundzop* 梵文：*samvrtisatya* 藏文：*kun rdzob, kun rdzob bden pa)* 通常也稱做相對真理，藏文的字義是"完全的假有"。這是指普通眾生所見到，在世俗層次上被視為真實的現象。

命氣 *(life wind* 藏文：*srog rlung)* 將識維持在體內的微細能量或氣。命氣存在於身體的中脈內。

意生身 *(mental body* 藏文：*yid lus)* 中陰眾生所經驗的微細身，不受限於粗重的身體。

化身 *(nirmanakaya, emanation* 藏文：*sprul pa'i sku)* 諸佛應不同根器與需求的眾生，而自然化現的色身。根據大乘經教或金剛乘的觀點，化身有許多種，中陰的第三階段，被認為是投生化身，最理想的機會之窗。

嗡嘛尼貝美吽 *(OM MANI PEME HUNG)* 梵文 *OM MANI PADME HUM* 的藏文習慣唸法，這是大悲觀世音最廣為人知的咒語。

虹光身 *(rainbow body* 藏文：*'ja' lus)* 這是指密續的大成就者，達成證悟境界的經驗，於死亡時將傳統肉身完全轉化。在某些情況下，此相當於所謂的大遷識 (梵文 *mahasamkrantikaya* 藏文 *'pho ba chen po'i sku)*。這類成就之外在徵兆，可以顯現爲彩虹的形相，並且在圓寂後肉身消融，只遺留下頭髮或指甲。

紅明點 *(red element)* 受孕時得自母卵的殘存種子精華，在人的一生中存在於身體中央，位於肚臍的下方。

報身 *(sambhogakaya* 藏文：*longs spyod rdzogs pa'i sku)* 諸佛示現的圓滿受用身，唯有菩薩才能見到。它是清明心、無礙化現的眞實本質，它在中陰的經驗，主要是四十二位寂靜尊與五十八位忿怒尊的顯現。在中陰的第二階段，將自己的意生身轉化爲本尊身，就可以證得報身的解脫。

煙供 *(singed offering* 藏文：*gsur)* 以加持過的藥草、穀類以及其他物質作成燃燒供品，修供養時同時修持儀軌以利益中陰眾生。

那洛六法 *(six dharmas of Naropa* 藏文：*na ro chos drug)* 那洛巴傳授給馬爾巴的密續法教，是噶舉教法中重要的一部分，也是傳統三年閉關的必修法門，包括拙火、幻身、睡夢瑜伽、淨光、中陰與遷識。

持明者 *(vidyadhara* 藏文：*rig 'dzin pa)* 字義上指 "持覺知者" 尤其指清淨持守三戒——別解脫戒、菩薩戒與三昧耶戒的密續成就者。持明者有一些特殊的分類，在中陰的特別教法內，持明者顯現爲強有力的眾生，是寂靜尊與忿怒尊特質的具體化現。

白明點 *(white element)* 受孕時得自父精的殘存種子精華，在人的一生中存在於身體中央，位於頭的最上方。

心氣 *(wind-mind* 藏文：*rlung sems)* 中陰眾生的意生身，由命氣與一切種識（阿賴耶識）或微細心組成。

夜叉 *(yaksha* 藏文：*gnod sbyin)* 欲界天最低四類階層之一，經常被描繪成攜帶武器、具有威脅的特性。

閻羅王 *(yama* 藏文：*gshin rje)* 死亡之主，它是無常與因果無誤的一種擬人化。

致 謝

感激並感恩尊貴的堪布卡塔仁波切，開示這清楚、簡要的中陰教學，並予以加持和指導。我們也感謝喇嘛耶喜嘉措 (Lama Yeshe Gyamtso) 的翻譯，瑪莉楊 (Mary Young) 將口語教學謄寫成稿，莎莉克萊 (Sally Clay) 的校訂，茱莉瑪可 (Julie Markle) 編製索引 （英文版），吉美尼瑪 (Jigme Nyima) 的研究、文字編輯與詞彙編寫，以及雪蓉羅仁 (Sharon Rosen) 的校對。我們感謝珊蒂胡 (Sandy Hu) 的贊助並促成此書的出版，感謝哈特福市三乘法林中心 (KTC Hartford) 安排此次的教學，還有金剛迴響 (Vajra Echoes) 錄製仁波切的教學。我們力求無誤地呈現仁波切的教學，然而，倘有任何錯誤或不清楚之處，我們負完全的責任。或有缺失與不足，我們仍真誠地祈望一切眾生，都能由此教授得獲利益。

摩琳瑪克尼可拉斯 & 彼德凡得仁

Maureen McNicholas and Peter van Deurzen

噶瑪三乘法輪寺 *Karma Triyana Dharmachakra*

　　噶瑪三乘法輪寺 *(KTD)* 是大寶法王嘉華噶瑪巴在北美洲的總道場，依屬第十七世嘉華噶瑪巴鄔金欽列多傑的精神指導與護佑，致力於藏傳佛教噶舉傳承的正統代表。

　　有關 *KTD* 的資料，包括目前的課程或相關會員中心，美國與國際的噶瑪三乘法林 *(KTC)*，請洽詢：

Karma Triyana Dharmachakra
335 Meads Mountain Road
Woodstock, NY 12498, USA
845 679 5906 ext. 10
www.kagyu.org
KTC Coordinator 845 679 5701
Ktc@kagyu.org

中陰 死亡時刻的解脫

《中陰祈願文》：確吉旺秋 撰

作　　者：堪布卡塔仁波切 講述
英　　譯：喇嘛耶喜嘉措
中譯彙編：噶瑪策凌卻準
出　　版：方廣文化事業有限公司
通訊地址：10699台北市大安區青田郵局第120號信箱
電　　話：02 2392-0003
傳　　真：02 2391-9603
劃撥帳號：17623463 方廣文化事業有限公司
網　　址：http://www.fangoan.com.tw
電子信箱：fangoan@ms37.hinet.net
設　　計：鎏坊工作室
裝　　訂：精益裝訂股份有限公司
總 經 銷：聯合發行股份有限公司
電　　話：02 2917-8022
傳　　真：02 2915-6275
出版日期：2024年4月 2版2刷
定　　價：新台幣260元 (精裝)
行政院新聞局出版登記證：局版臺業字第六〇九〇號
BARDO INTERVAL OF POSSIBILITY by Khenpo Karthar Rinpoche
Copyright: 2007 Karma Triyana Dharmachakra Publications., NY
Chinese Edition Copyright: 2011 Fangoan Publications.
All Rights Reserved ISBN: 0-9741092-2-3

No：M012 ISBN：978-986-7078-98-8
Printed in Taiwan

國家圖書館出版品預行編目資料

中陰：死亡時刻的解脫 / 堪布卡塔仁波切講述；耶喜嘉措英譯；
噶瑪策凌卻準中譯. -- 2版. -- 臺北市：方廣文化, 2020.03　面；　公分
譯自：Bardo
ISBN 978-986-7078-98-8(精裝)
1.藏傳佛教 2.生死觀 3.死亡
226.96　　　　　　　　　　　　　2109002009

方廣文化出版品目錄〈一〉

夢參老和尚系列
書 籍

● 八十華嚴講述

HP01 大乘起信論淺述 (八十華嚴導讀一)
H208 淺說華嚴大意 (八十華嚴導讀二)
H209 世主妙嚴品 (第一至三冊)
H210 如來現相品・普賢三昧品 (第四冊)
H211 世界成就品・華藏世界品・毘盧遮那品 (第五冊)
H212 如來名號品・四聖諦品・光明覺品 (第六冊)
H213 菩薩問明品 (第七冊)
H214 淨行品 (第八冊)
H215 賢首品 (第九冊)
H301 升須彌山頂品・須彌頂上偈讚品・十住品 (第十冊)
H302 梵行品・初發心功德品・明法品 (第十一冊)
H401 升夜摩天宮品・夜摩宮中偈讚品・十行品・十無盡藏品 (第十二冊)

(H501～H903 陸續出版中......)

● 華 嚴

H203 淨行品講述
H324 華嚴經梵行品新講 (增訂版)
H205 華嚴經普賢行願品講述
H206 華嚴經疏論導讀
H255 普賢行願品大意

● 天 台

T305 妙法蓮華經導讀

● 楞 嚴

LY01 淺說五十種禪定陰魔—《楞嚴經》五十陰魔章
L345 楞嚴經淺釋 (全套三冊)

方廣文化出版品目錄〈二〉

方廣文化出版品目錄〈三〉

方廣文化出版品目錄〈四〉

方廣文化出版品目錄〈五〉